Perca Peso Caminhando

O Modo Mais Fácil de se Manter em Forma

Conheça os Benefícios da Power Caminhada

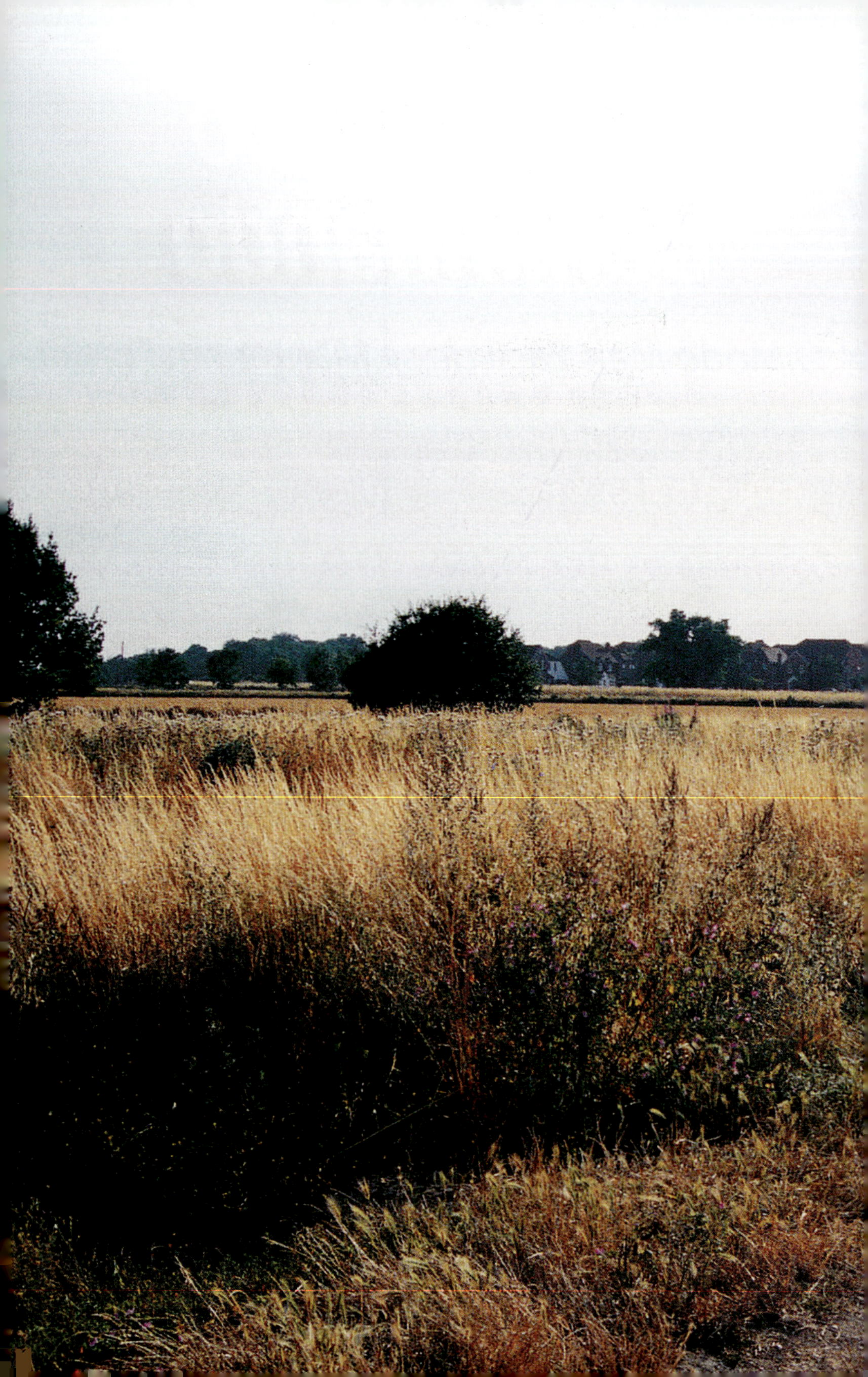

Lucy Knight

Perca Peso Caminhando

O Modo Mais Fácil de se Manter em Forma

Conheça os Benefícios da Power Caminhada

Tradução:
Cláudia Coelho

Publicado originalmente em inglês sob o título *Walking for Weight Loss*, por Kyle Cahie Limited.
©2007, design Kyle Cathie Ltd.
© 2007, textos de Lucy Knight.
© 2007, fotos de Guy Hearn.
Direitos de edição e tradução para todos os países de língua portuguesa.
Tradução autorizada do inglês.
© 2012, Madras Editora Ltda.

Editor:
Wagner Veneziani Costa

Produção e Capa:
Equipe Técnica Madras

Tradução:
Cláudia Coelho

Revisão da Tradução:
Jussara Gonzales

Revisão:
Arlete Genari
Renata Brabo

Dados Internacionais de Catalogação na Publicação (CIP)
(Câmara Brasileira do Livro, SP, Brasil)

Knight, Lucy
Perca peso caminhando : o modo mais fácil de se manter em forma : conheça os benefícios da power caminhada / Lucy Knight ; tradução Cláudia Coelho.
São Paulo : Madras, 2012.

ISBN 978-85-370-0823-2

Título original: Walking for weight loss 1. Caminhada (condicionamento físico) 2. Emagrecimento I. Título.

12-14851 CDD-613.7176

Índices para catálogo sistemático:
1. Power caminhada : Atividade física e saúde :
    Educação física 613.7176

É proibida a reprodução total ou parcial desta obra, de qualquer forma ou por qualquer meio eletrônico, mecânico, inclusive por meio de processos xerográficos, incluindo ainda o uso da internet, sem a permissão expressa da Madras Editora, na pessoa de seu editor (Lei nº 9.610, de 19.2.98).

Todos os direitos desta edição, em língua portuguesa, reservados pela

MADRAS EDITORA LTDA.
Rua Paulo Gonçalves, 88 – Santana
CEP: 02403-020 – São Paulo/SP
Caixa Postal: 12183 – CEP: 02013-970
Tel.: (11) 2281-5555 – Fax: (11) 2959-3090
www.madras.com.br

Agradecimentos

Agradeço imensamente a toda minha família e amigos por nunca terem deixado de me apoiar e aconselhar. Reconheço que sou uma mulher afortunada por poder contar com pessoas tão extraordinárias. Muito obrigada a todos vocês que contribuíram das mais diferentes formas para a criação deste livro e a todos os meus colegas de trabalho, professores e alunos que me acompanharam ao longo desta caminhada e que tanto me ensinaram.

Gostaria de agradecer, particularmente, a Ken, meu companheiro que nunca deixou de me amparar, amar, mostrar qual o caminho a seguir e, acima de tudo, me entender.

Meu apreço à editora Kyle Cathie Limited, à gerente editorial Vickie Cathie, ao fotógrafo Guy Hearn, à modelo Juliet Murrell e à *designer* Caroline Hillier.

Muito obrigada à USA Pro, fabricante de roupas e artigos esportivos, por seu patrocínio.

Créditos adicionais das fotos: P. 10, Stockbyte Platinum/Alamy, foto superior p. 49 imagem 100/Alamy, foto inferior p. 49, Ty Allison/Getty Images, p. 55, Westend61/Alamy, p. 56, Profimedia International s.r.o/Alamy, p. 57, Stefan Schuetz/Getty images, p. 59, Steve Casimiro/Getty Images, p. 61, Stefan Schuetz/zefa/Corbis, p. 62, Jennie Hart/Alamy, p. 63, Photofusion Picture Library/Alamy, p. 64, Miguel Riopa/Getty Images, p. 112, Swerve/Alamy, p. 113, Mode Images Limited/Alamy.

Leitura Recomendada

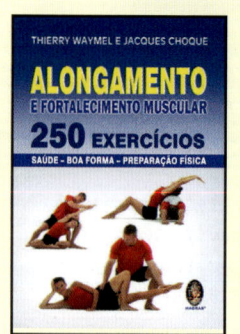

Alongamento e Fortalecimento Muscular
250 exercícios, Saúde, Boa Forma, Preparação Física
Thierry Waymel e Jacques Choque

Tendo vendido mais de 80.000 exemplares no exterior, esta obra se tornou uma verdadeira referência, tanto para pessoas preocupadas em preservar a saúde e manter a forma, para esportistas que desejam organizar sua preparação física específica, quanto para professores e estudantes que procuram sequências de exercícios diversificadas.

Ayurveda e a Terapia Marma
Pontos de Energia no Tratamento por Meio da Ioga
Dr. Avinash Lele, Dr. David Frawley e Dr. Subhash Ranade

Esta obra foi escrita por três palestrantes e médicos de renome no Oriente e contém informações práticas para os terapeutas ocidentais que trabalham com massagens e acupressão. Eles tratam especialmente dos marmas, que são pontos de pressão e uma parte importante da ioga e da ayurveda.

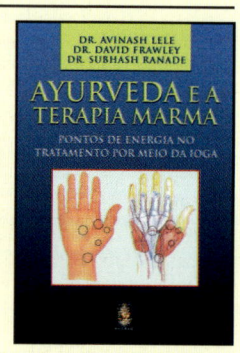

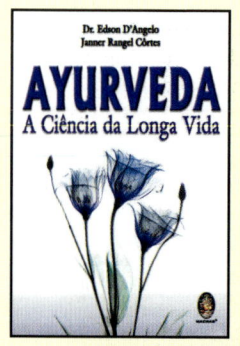

Ayurveda
A Ciência da Longa Vida
Dr. Edson Antônio D'angelo e Janner Rangel Côrtes

Ayurveda significa a ciência (Veda) da longevidade (Ayur). Ela se baseia na harmonia para o alcance da felicidade, por meio de um processo silencioso da mente, a fim de se buscar a verdade e a plenitude. Essa ciência – que apesar de se manter atualizada é também o sistema terapêutico mais antigo do mundo, por se basear em textos sagrados – faz uso de plantas medicinais, massagens, acupuntura, etc., para oferecer não só uma vida mais longa, mas também mais saudável, tanto física quanto psicologicamente.

Sucos para Saúde
Libere o Poder Medicinal das Plantas para a Saúde Perfeita
Siegfried Gursche

Podemos beber muito mais suco do que conseguimos comer frutas e verduras inteiras, com prazer. Como resultado, sucos recém-espremidos são uma fonte inesgotável de vitaminas, minerais e enzimas concentrados.

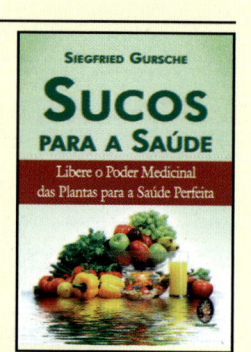

www.madras.com.br

Índice

Introdução 9

CAPÍTULO 1 – POR QUE CAMINHAR? 12
  Os benefícios da caminhada para seu corpo e sua mente

CAPÍTULO 2 – MELHORANDO A POSTURA 24
  O primeiro passo para caminhar com confiança e sem risco de lesões

CAPÍTULO 3 – A TÉCNICA DE *POWER CAMINHADA* 42
  Como aperfeiçoar a técnica de *power caminhada*

CAPÍTULO 4 – ESCOLHENDO SUA MODALIDADE DE CAMINHADA ... 60
  Diferentes modalidades de caminhada e seus benefícios

CAPÍTULO 5 – ANTES E DEPOIS DO TREINO 80
  Exercícios básicos para realizar antes e depois do treino, que propiciarão mais flexibilidade, alongamento e eliminarão os riscos de lesões

CAPÍTULO 6 – COMO MEDIR A INTENSIDADE DE SEU TREINO 102
  Como aperfeiçoar seu treino de modo a usufruir de tudo o que ele possa lhe oferecer

CAPÍTULO 7 – DANDO INÍCIO A SEU PROGRAMA DE TREINO 114
  Uma variedade de programas de caminhada para você estabelecer suas metas e alcançá-las, independentemente de seu preparo físico

CAPÍTULO 8 – ACESSÓRIOS, ROUPAS E AFINS 132
  Um guia para ajudá-lo a adquirir os artigos essenciais e equipamentos complementares que facilitarão seu progresso

CAPÍTULO 9 – MANTENDO UMA DIETA SAUDÁVEL 148
  Instruções sobre como manter uma dieta saudável e dicas de receitas deliciosas para ajudá-lo a começar vida nova

Índice remissivo 161

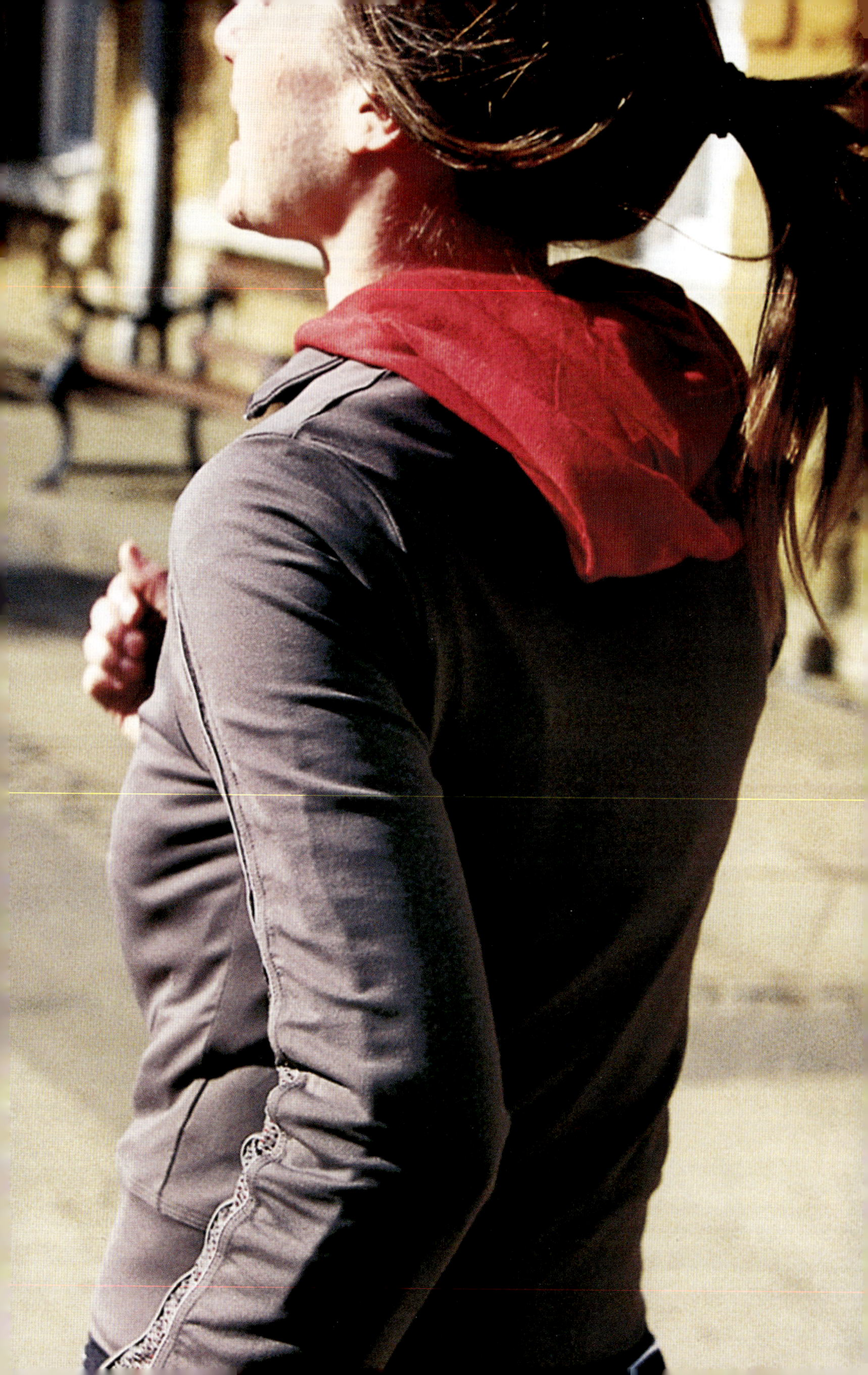

Introdução

A maior parte de nós quer emagrecer e melhorar a forma física. Atualmente, no entanto, ficamos confusos, sem saber qual caminho seguir, em virtude da diversidade de programas de atividade física oferecidos. Será mesmo necessário fazer matrícula naquela academia caríssima? Os conselhos de um especialista em *fitness* invalidam a opinião de outro? O problema, na realidade, é que quase todos estão certos, mas as soluções apresentadas dificilmente são atividades que nos dão prazer. A solução para esse impasse está bem à nossa frente. Uma atividade que realizamos todos os dias – tão natural quanto respirar – e que pode se tornar a chave para a perda de peso de modo seguro, constante e prazeroso... CAMINHAR.

Quase todos começam a dar os primeiros passos quando têm entre 1 e 2 anos de idade. Algumas das vantagens da caminhada é que, independentemente da idade, ela é uma atividade saudável, não custa nada e melhora o humor – pelo simples fato de ser realizada ao ar livre. Por que, então, não temos esse hábito?

Infelizmente, muitos de nós ficamos presos à mesa de trabalho o dia todo e preferimos pegar o carro sempre que temos de ir a algum lugar um pouco mais distante do que a padaria da esquina. De fato, até esse pequeno esforço está se tornando desnecessário visto que, hoje, para fazer suas compras basta um clique no computador.

Se, no entanto, você deseja modificar seu estilo de vida sedentário, caminhar pode ser um bom começo.

Mas é mesmo possível perder peso caminhando? Com certeza. Basta seguir as técnicas apresentadas neste livro, aumentar a velocidade de suas passadas e enxergar essa atividade com outros olhos. Neste livro, mostrarei como você pode atingir seus objetivos com tranquilidade e avaliar seu progresso, oferecendo um programa cujas metas podem ser alcançadas de

> *Não importa quão longa seja a caminhada, ela sempre começa com o primeiro passo.*
> *(Provérbio chinês)*

modo que você consiga evoluir sempre. Apesar de meu foco ser a *power caminhada*, um método vigoroso de marcha, apresento neste livro várias outras modalidades de caminhada, além de formas de tornar essa atividade parte de seu dia a dia.

Como todos sabem, para perder peso é necessário combinar exercícios e bons hábitos alimentares. De nada adianta percorrer cinco quilômetros e, em seguida, comer uma bela fatia de bolo recheado com creme no lanche da tarde. Incluí, portanto, dicas para uma dieta saudável e equilibrada, que ajudarão a combater esse tipo de compulsão. Você ficará surpreso ao perceber como é fácil e prazeroso adotar um estilo de vida mais saudável e dinâmico.

Outra vantagem do caminhar é não exigir nenhuma técnica especial do praticante, por ser uma atividade inata ao ser humano. Além disso, mesmo que não se exercite há algum tempo, você dificilmente estará tão fora de forma a ponto de não conseguir dar algumas passadas! Não importa qual seu preparo físico hoje – pouco a pouco, você conseguirá melhorar sua *performance*: andar mais rápido, percorrer distâncias mais longas e aprimorar sua técnica. Aproveite os benefícios dessa atividade, que pode ser praticada independentemente da idade, da condição física ou da experiência.

Além de ser um excelente exercício que contribui para a perda de peso, caminhar faz com que nos sintamos mais saudáveis, física e mentalmente, e torna nossa vida mais prazerosa.

Portanto, o que você está esperando?

Pesquisadores especializados em treinamento esportivo e em programas de aprimoramento da forma física descrevem a caminhada como "uma atividade física quase perfeita". À primeira vista, parece exagero descrever uma habilidade inata a todos os seres humanos, que a maioria executa de modo natural, como uma atividade física expressiva. No entanto, quanto mais aprender sobre o funcionamento de seu corpo e os benefícios do caminhar, mais se conscientizará da veracidade das palavras dos especialistas: caminhar é uma atividade simples, não exige grandes técnicas, mas os resultados para a saúde e o bem-estar são imensuráveis.

Caminhar de modo firme, sentindo o balanço vigoroso dos braços acompanhando cada passo, é a forma mais simples e fácil de livrar-se daqueles quilinhos indesejados e ter um corpo mais em forma e esbelto. Apesar de ser uma atividade de baixo impacto, a *power caminhada* é intensa, dinâmica, acelera o metabolismo e queima calorias de modo significantivo. Caminhar com regularidade lhe trará outros benefícios além da perda de peso: você se sentirá com mais energia, terá melhor condicionamento físico e, por conseguinte, será mais saudável.

Qual a graça da vida se, dia após dia, nos sentimos desanimados, desmotivados, sem vitalidade ou energia? Praticar exercícios físicos, não importa quais, é primordial para seu bem-estar. É, portanto, importante reservar espaço em sua agenda para se dedicar a algum tipo de atividade física que lhe dê prazer. Dar início a um programa de treino com a *power caminhada* não será um fardo para você, nem para aqueles que lhe são próximos e, com certeza, não o levará à falência – basta um par de tênis. É uma prática fácil que não custa nada e que o ajudará a fazer novos amigos. Então, por que não começar **HOJE?**

Capítulo 1

Por que Caminhar?

Antes de contarmos com a facilidade dos carros e do transporte público, éramos mais magros e tínhamos melhor forma física – não havia outra opção a não ser caminhar. Até pouco tempo atrás, as crianças iam para a escola a pé, passavam mais tempo ao ar livre, corriam e brincavam de pega-pega, em vez de ficarem grudadas à tela do computador; os adultos tinham trabalhos menos sedentários e cada família possuía apenas um carro.

O mundo moderno não exige que nos exercitemos, a não ser que tornemos a atividade física parte de nossas tarefas diárias. Mas não deveria ser assim – o ideal seria ter um estilo de vida ativo que nos propiciasse condições de manter o peso e o preparo físico. No entanto, atualmente, nossos filhos passam horas em frente à TV e nós, em frente a computadores. Portanto, parece-me óbvio que precisamos mudar nossa atitude perante o dia a dia para nos mantermos saudáveis.

Apesar do foco de meu trabalho ter sido sempre o condicionamento físico e a dança, devo admitir que houve dias em que simplesmente entrei no carro, dirigi até o trabalho, sentei em frente ao computador, voltei para casa e, ao chegar, fiquei esparramada no sofá até a hora de dormir. Tenho certeza de que todos vocês podem me entender. Caso não optemos por incluir uma atividade física em nosso dia a dia, é possível que passemos semanas, meses, ou mesmo anos, como vítimas do sedentarismo. Não há quem não lute contra o excesso de peso e suas consequências: doenças coronarianas, pressão alta, osteoartrite, pouca vitalidade e baixa autoestima – e, portanto, a fim de nos mantermos saudáveis e ativos, temos de tomar uma atitude, temos de nos mexer. E não poderia haver melhor solução para perder peso e nos mantermos em forma do que praticar *power caminhada*.

Power Caminhada

Esta é a melhor opção para perda de peso, por ser uma atividade aeróbica, que exige que o praticante tenha preparo físico semelhante ao de um corredor, mas que comparada à corrida tem 50% menos impacto, causa menos lesões e não sobrecarrega as articulações. Além de todas essas vantagens, a *power caminhada* é um excelente exercício cardiovascular que, em pouco tempo, tonificará os músculos da parte inferior do corpo – glúteos, coxas, quadril e abdome –, e também os da parte superior das costas e dos ombros.

Os praticantes de *power caminhada*, de modo geral, andam em ritmo rápido, entre 7 e 9,5 quilômetros por hora, cobrindo uma distância de cerca de 1,6 quilômetro entre 10 e 13,6 minutos. É importante manter um passo acelerado, pois esse é um dos fatores mais importantes para determinar a intensidade de seu treino e aumentar a perda de gordura. Se durante o exercício você conseguir manter sua frequência cardíaca em uma faixa entre 60 a 70% de sua frequência cardíaca máxima (FCM – explicada em detalhes no capítulo 6), seu corpo usará o excesso de gordura como fonte de energia, e seus músculos ficarão mais fortes. Consequentemente, haverá aceleramento da taxa metabólica basal, de forma que seu corpo continuará a queimar calorias ao longo do dia.

As mulheres normalmente caminham a cerca de 5 quilômetros por hora, e os homens, um pouco mais rápido, a cerca de 5,5 quilômetros. Ao praticar *power caminhada* você atinge quase o dobro dessa velocidade e melhora seu condicionamento aeróbico. Se seu objetivo for perder peso, tonificar seus músculos e não se tornar escravo das academias, *power caminhada* é a solução. Além disso, você ainda poderá usufruir do prazer de se exercitar ao ar livre – e esses são apenas alguns dos benefícios que a *power caminhada* proporciona...

Perda de peso

Como todas as atividades físicas praticadas com regularidade, caminhar acelera o metabolismo, de modo que o corpo queima calorias, convertendo carboidratos, gorduras e proteínas em energia, não permitindo que se transformem em tecido adiposo, ou seja, gordura acumulada no corpo. Nosso peso depende do equilíbrio entre o número de calorias ingeridas/consumidas e o de calorias gastas. O ganho de peso é, quase sempre, devido ao desequilíbrio dessa equação. Se, por meio de exercícios físicos, você aumentar o número de calorias que queima por dia, é provável que seu peso diminua.

Caminhar, no entanto, além de queimar calorias, aumenta a massa muscular, o que é primordial para a perda de peso, pois os músculos queimam mais calorias do que a gordura e, portanto, quanto maior a massa muscular em relação à taxa de gordura corporal, mais alta será a Taxa Metabólica Basal (TMB) – ou seja, a quantidade mínima de calorias ou energia que o corpo utiliza durante o repouso, para o funcionamento de todos os órgãos, como o coração, o cérebro, os pulmões, o intestino, etc. Além disso, substituir gordura por músculos tonificados dará nova forma às suas coxas, nádegas, abdome e membros superiores, contribuindo para a formação do seu novo "eu".

Para conseguir os melhores resultados com o programa *Perca Peso Caminhando*, é necessário saber o quanto você está exigindo de seu corpo. Você precisa começar caminhando em ritmo e espaço de tempo adequados ao seu condicionamento físico, pois de nada vale ter algum preparo físico e passear pela rua em ritmo que nem chegue a elevar sua temperatura corporal. Apesar de a caminhada ser um bom exercício, caso seu objetivo seja perder peso, a intensidade é importante, pois seu corpo tem de ser levado a usar gordura como combustível (o que discutirei em detalhes no capítulo 6).

A melhor forma de perder peso é combinar dieta e atividade física. Escolher apenas uma dessas abordagens pode trazer algum resultado, mas nunca tão eficaz quanto a combinação das duas. Optar por um programa que concilie caminhada e alimentação saudável o ajudará não só a reduzir seu peso de modo equilibrado como a mantê-lo no nível ideal. Você se sentirá mais disposto, com músculos tonificados e um corpo flexível de causar inveja a qualquer um.

Caminhar com regularidade evita doenças

De acordo com um estudo recente de pesquisadores da Universidade da Carolina do Sul e da Universidade de Massachusetts com 550 indivíduos adultos, aqueles que seguiam um programa regular de exercícios físicos, mesmo que moderado, tiveram 25% menos resfriados durante o período de um ano do que aqueles que nunca ou raramente se exercitavam. Resultados de outros três ensaios clínicos, realizados com uma população menor, parecem confirmar tal estudo. Em todos eles as mulheres instruídas a caminhar com passos rápidos, várias vezes por semana, durante três meses, tiveram taxa de incidência de resfriados cerca de 50% menor do que as que não se exercitavam.

Fortalecimento do sistema imunológico

A caminhada traz outros benefícios além da perda de peso, pois manter-se saudável, com bom condicionamento físico, protegerá seu corpo contra infecções e outras doenças. A atividade física acelera o batimento cardíaco, fortalece o coração e melhora a circulação sanguínea, levando mais oxigênio e nutrientes para os órgãos.

Ao caminhar, você aumenta o suprimento de oxigênio que seu corpo recebe, o que fortalece o sistema imunológico e contribui para a recuperação de quaisquer lesões nos tecidos, além de proteger contra doenças e a ação dos radicais livres. Conforme seu coração e pulmões passam a bombear sangue e oxigênio para o corpo com mais força, você notará rápida melhora em seu condicionamento físico:

terá mais fôlego e conseguirá se exercitar por mais tempo.

Além de todos esses benefícios físicos, caminhar ajuda a combater o estresse e a ter uma boa noite de sono, requisito básico para o fortalecimento do sistema imunológico. Uma simples noite mal dormida compromete as defesas do organismo, portanto, quanto mais você se exercitar, mais benefícios terá. No entanto, lembre-se de que, apesar da importância de seguir um programa de treinamento que imponha algum desafio, de nada vale treinar à exaustão ou buscar ultrapassar seus limites, caso não esteja se sentindo bem. Isso apenas o deixará esgotado e com o sistema imunológico debilitado.

Caminhar com regularidade mantém o coração muito mais saudável. Pesquisas recentes sugerem que esse hábito chega a reduzir as chances de você sofrer um ataque cardíaco em até 50%. Como qualquer outro exercício aeróbico, a caminhada fortalece o coração, melhora a circulação sanguínea, baixa a pressão e a taxa de colesterol, e a consequente perda de peso reduz a sobrecarga sobre o coração.

Vencendo o câncer de mama

Um estudo realizado pela Dra. Michelle Holmes, do Brigham Women's Hospital, em Boston, acompanhou 3 mil pacientes diagnosticadas com câncer de mama, observando seus hábitos relacionados à saúde e atividade física, ao longo de até 18 anos. Os resultados mostraram que mulheres com câncer de mama que caminhavam entre três e cinco horas por semana tinham 50% mais chance de sobreviver do que as sedentárias.

Caminhada contra o acidente vascular cerebral (AVC)

Um estudo do médico Frank B. Hu, Ph.D., publicado no periódico *Journal of the American Medical Association*, realizado com 70 mil enfermeiras entre 40 e 70 anos, demonstrou que aquelas que caminhavam em ritmo moderado, durante 30 minutos, quase todos os dias da semana, tiveram redução do risco de sofrer acidente vascular cerebral isquêmico (AVCI) – o tipo mais comum – de até cerca de 20%, e aquelas que caminhavam em ritmo acelerado, de até cerca de 40%.

Saúde dos ossos e das articulações

Se quisermos ter uma vida longa e independente, precisamos manter nossos ossos e articulações saudáveis, pois problemas debilitantes, como osteoporose e artrite, são os principais motivos que levam os idosos a necessitar de auxílio constante. A osteoporose ou "doença dos ossos frágeis" ocorre quando estes se tornam tão fracos que se quebram com facilidade – principalmente os do quadril, da coluna e do punho. A osteoporose também é chamada de *doença silenciosa*, pois pode levar anos para você perceber que seus ossos estão se tornando frágeis – até o dia em que um deles se quebra.

Caminhar é um exercício de impacto e é, portanto, importante aliado na batalha contra a osteoporose, pois mantém a densidade óssea. Os ossos são como músculos, pois quanto mais você exige deles, mais se tornam fortes e densos. Quando andamos, a tração do músculo sobre a nossa ossatura, aliada à força da gravidade, exerce pressão sobre os ossos, que reagem estimulando o fortalecimento e a renovação dos tecidos. Infelizmente, a perda óssea é algo que, com o correr dos anos, mais cedo ou mais tarde, todos teremos de enfrentar, em especial as mulheres. Entretanto, há uma luz no fim do túnel – caminhar com regularidade: a melhor forma de prevenção e de tratamento.

Apesar de ser um exercício que exerce carga sobre o corpo, a caminhada é uma atividade de baixo impacto, ao contrário da corrida.

Dessa forma, andar fortalece e estabiliza os músculos ao redor das articulações e, ao mesmo tempo, diminui o desgaste das cartilagens (causa da osteoartrite). Todos os especialistas da área médica concordam que o exercício físico é um fator primordial para a manutenção da saúde dos ossos e das articulações, além de conservar os músculos fortes, ágeis e flexíveis.

Então, por que não começar agora?

Melhora da postura e fim da dor nas costas

Manter uma boa postura é muito importante para um caminhar confortável e tranquilo, assim você respirará com mais facilidade e evitará sentir dor nas costas – um dos principais sintomas debilitantes de pessoas com menos de 45 anos.

O problema é a facilidade com que adquirimos maus hábitos posturais. Dia após dia, debruçamo-nos sobre o computador, afundamo-nos no sofá e nos agarramos ao volante do carro – e dificilmente ficamos em pé por muito tempo sem ter algo em que nos encostar. Como consequência disso, nossas costas perdem tônus e deixamos de usar os músculos responsáveis pela manutenção da postura para nos sustentar. No próximo capítulo, ensinarei alguns exercícios posturais para que você corrija seus maus hábitos.

Nosso corpo é programado para manter-se em equilíbrio, portanto, se sua postura não está correta, partes de seu corpo serão sobrecarregadas a fim de que você se mantenha ereto. Ao adotar nosso programa de caminhada, a princípio você terá de se concentrar para manter uma boa postura, mas não se preocupe, em pouco tempo isso se tornará natural.

Aqueles que sofrem de dores nas costas, de modo geral, relutam em iniciar qualquer atividade física, temendo que seu problema se torne ainda pior. No entanto, se você começar aos poucos, caminhar fortalecerá os músculos do quadril, das costas e do abdome, responsáveis pelo equilíbrio e pela boa postura, formando uma espécie de cinta, que, quando bem posicionados, previnem lesões.

Bem-estar da mente

Além de ser excelente para o físico, caminhar é ótimo exercício para a mente. Você já notou como seus pensamentos ficam lentos quando você passa um longo período sem realizar alguma atividade física vigorosa? Estar ao ar livre, em meio à natureza, com certeza o ajudará a livrar-se das teias de aranha que circundam sua mente, permitindo que você pense com clareza e que entre em estado de relaxamento (até meditativo, ver capítulo 7), que trará benefícios a sua mente, seu corpo e seu espírito.

Caminhar três ou quatro vezes por semana, por 30 minutos, tem provocado efeito positivo sobre aqueles que sofrem de depressão ou de outras doenças relacionadas ao estresse, aumentando a autoestima e melhorando o humor. Durante uma caminhada vigorosa, o corpo libera endorfinas, antide-

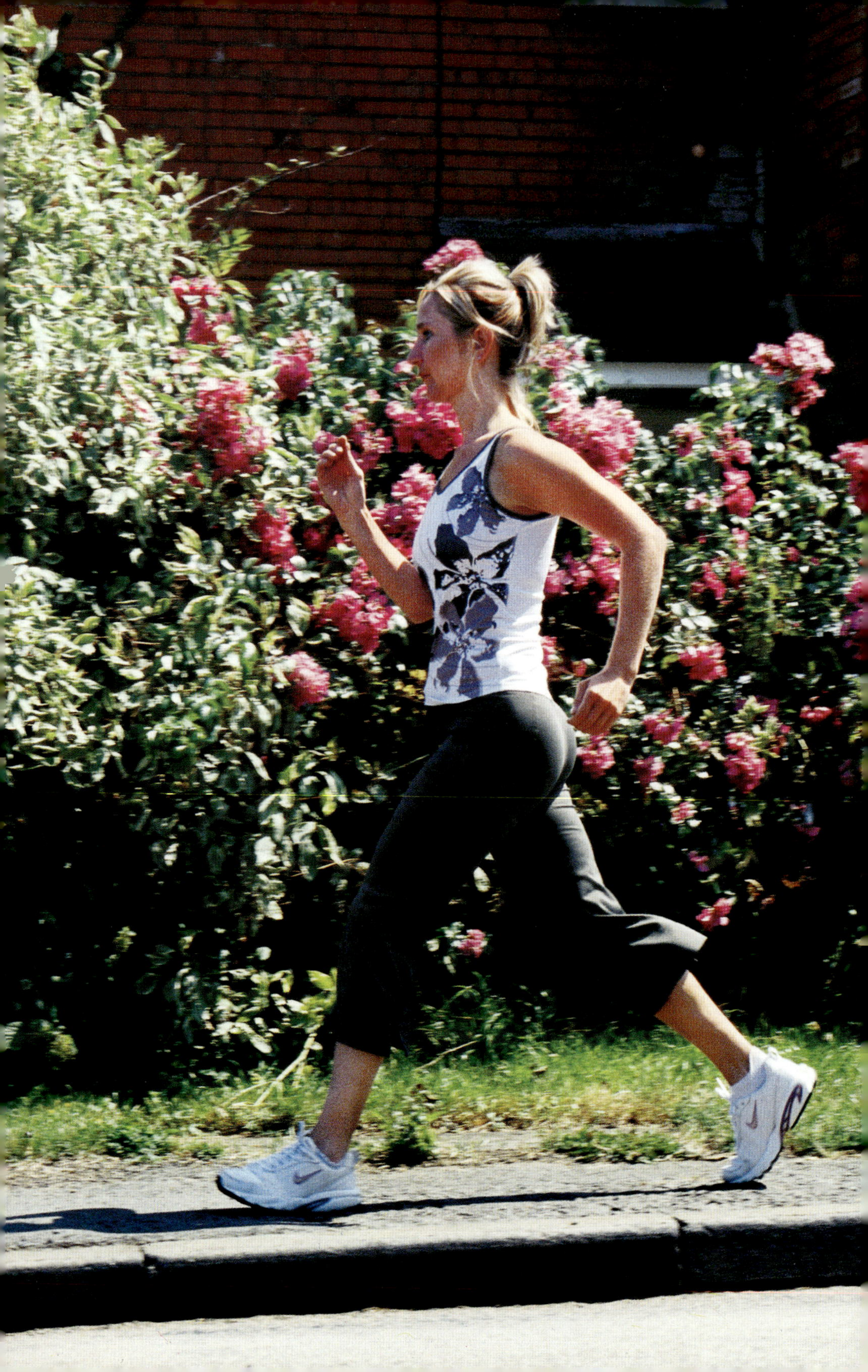

pressivo natural produzido pelo corpo, que melhora o humor e proporciona a mesma sensação de bem-estar que sentimos após uma boa sessão de "malhação". Estudos realizados pelo professor de psicologia clínica James Blumenthal, da Duke University, localizada em Durham, na Carolina do Norte, nos Estados Unidos, demonstrou que, de fato, tudo leva a crer que "a atividade física, pelo menos quando realizada em grupo, é tão eficiente quanto os medicamentos antidepressivos padrão na redução dos sintomas em pacientes que sofrem de depressão profunda... tempo despendido pelos indivíduos na prática de uma atividade física não pareceu ter influência sobre os resultados – mas sim o fato de estarem se exercitando ou não".

As pessoas com melhor preparo físico são menos propensas a problemas de saúde relacionados ao estresse. Aqueles que se exercitam com regularidade têm menor probabilidade de apresentar sintomas relacionados à depressão, tais como: insônia, passar o dia na cama, comer em excesso ou simplesmente não se alimentar. Para as pessoas que sofrem de ansiedade ou de depressão, a falta de sono pode ser um grande problema. Uma simples boa noite de sono pode deixá-las mais calmas e confiantes para enfrentar os desafios do dia.

Tornar a caminhada um hábito pode ter efeito tão positivo em sua vida, a ponto de você não acreditar que pudesse ser tão simples. Você se sentirá melhor em relação a seu corpo, conseguirá lidar melhor com situações estressantes e, acima de tudo, fazer algo em benefício próprio, com certeza, influenciará outras áreas de sua vida.

Novos amigos

Caminhar pode tornar sua vida social muito mais agradável. Não há nada melhor para nutrir o relacionamento com amigos e família do que uma caminhada, em especial, em um domingo à tarde, quando, durante um longo passeio, em ritmo acelerado, é impossível não conversar, o que contribui para estreitar os laços com aqueles que nos cercam. Além disso, quer melhor forma de sair com a família unida e tirar as crianças e adolescentes de casa, onde passam a maior parte do tempo?

Caso faça seu treino sozinho, procure um local onde encontrará outros "caminhantes" ou corredores, ou caminhe pelo bairro. Além de ser mais seguro, a probabilidade de topar com um vizinho ou com algum conhecido é ainda maior. Que tal fazer parte de grupos de caminhada que o motivarão a estar em forma para participar de eventos beneficentes ou, quem sabe, de uma maratona?

Baixo custo

Caminhar não custa tão caro quanto outras atividades físicas. Você não tem de se matricular em nenhuma academia badalada ou comprar equipamentos caros. A única coisa que precisa ter é um bom par de tênis. Com isso, você poderá se exercitar ao ar livre e de graça!

Alguns dos benefícios emocionais

Mais energia	Mente mais alerta
Melhora do humor	Alívio dos sintomas pré-menstruais
Redução do nível de estresse	Fortalecimento da autoestima
Melhora da qualidade de sono	Melhora da vida social

Alguns dos benefícios físicos

Redução do risco de doenças coronarianas; Redução do risco de acidente vascular cerebral (AVC); Redução do risco de alguns tipos de câncer; Redução do risco de diabetes tipo 2; Diminuição da pressão arterial;	Aumento da densidade óssea, diminuindo o risco de osteoporose; Fortalecimento das articulações e dos músculos; Diminuição da gordura corporal; Melhora da forma do corpo; Melhora do preparo físico;	Redução da taxa do mau colesterol (LDL); Melhora da flexibilidade Possibilidade de melhora dos sintomas de artrite; Melhora da postura Redução da intensidade das dores nas costas; Fortalecimento do sistema imunológico.

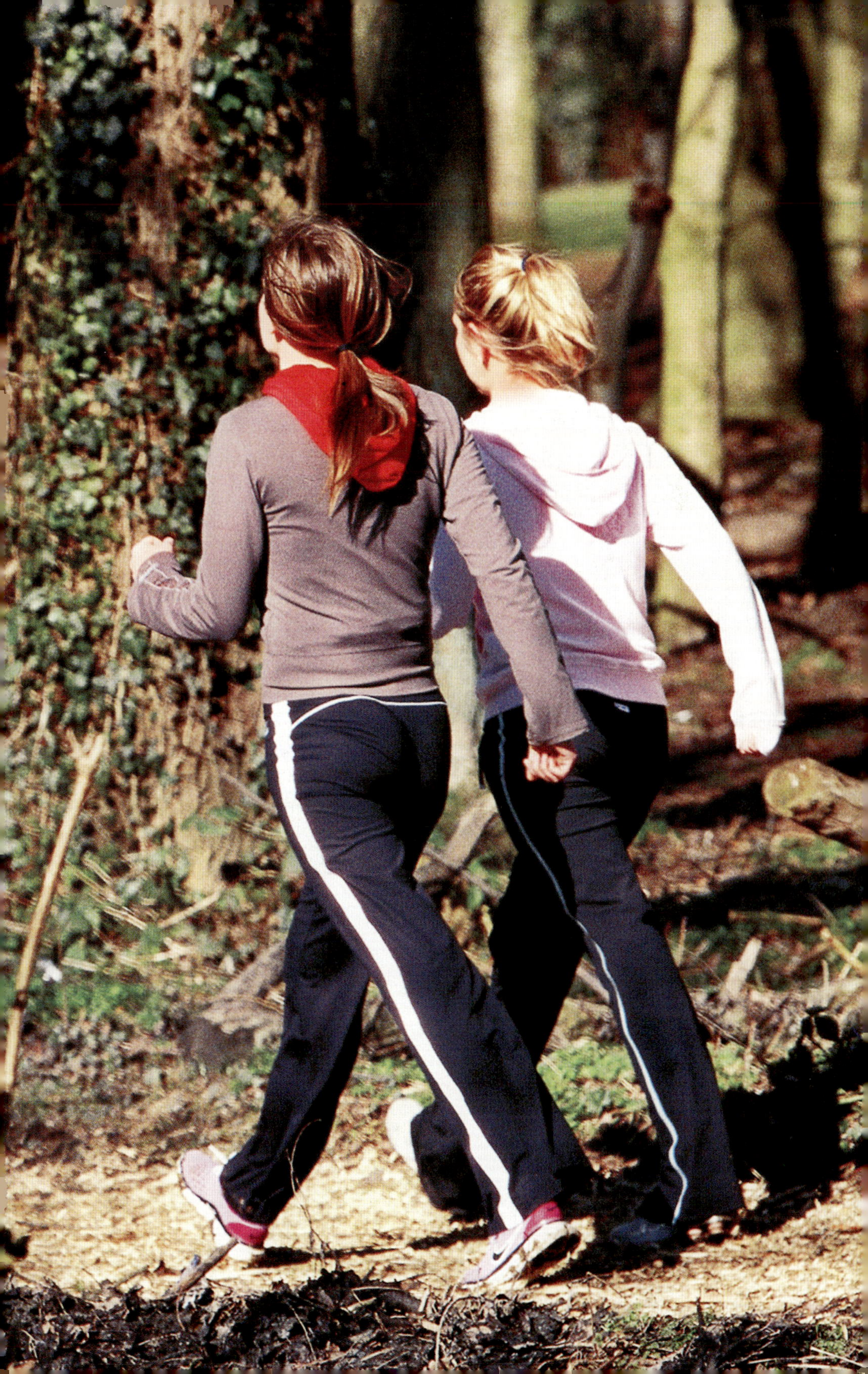

Capítulo 2

Melhorando a Postura

Sua postura é um espelho de quem você é e de como se sente. Na realidade, ela é tão reveladora que pode fazer a diferença para você conseguir um emprego... ou não! A má postura, de modo geral, faz com que você dê a impressão de ser muito menos confiante do que é, além de fazer com que pareça ter uns bons quilinhos a mais. Ao aprender a manter uma boa postura, você não só dará a impressão de ser mais magro, como também de ser uma pessoa mais acessível – portanto, vale a pena o esforço!

Para manter uma boa postura é necessário ter o corpo alinhado, quer estejamos em pé, sentados ou deitados. Infelizmente, a má postura é reflexo do estilo de vida do século XXI, pois a maior parte de nós passa quase todo o tempo com o corpo "largado". Consequentemente, os músculos posturais perdem a força por não serem usados.

A postura é um importante fator na manutenção da saúde das costas e da coluna, prevenindo futuras dores nas costas.

Uma expressão recente adotada pela indústria do *fitness* é *"centro de força"*, que significa fortalecer os músculos abdominais e lombares, formando uma espécie de cinturão responsável pelo equilíbrio e pela boa postura. Ao se contraírem, esses grupos musculares estabilizam a coluna, a pelve e os ombros, mantendo o tronco ereto e criando uma base sólida para quaisquer movimentos. A primeira coisa a fazer para corrigir a postura é fortalecer esses músculos, a fim de reverter o efeito que anos de má postura tiveram sobre nosso corpo. Neste capítulo, apresento uma série de exercícios que, além de propiciar mais estabilidade ao *centro de força*, fortalecerá todo o tronco. Eles o ajudarão a melhorar sua técnica de caminhada e a sentir-se bem melhor ao exercer suas atividades diárias.

Para conseguir manter-se ereto ao caminhar, é necessário, primeiro, conseguir fazê-lo quando estiver parado. Vamos, então, observar como encontrar a postura correta em diferentes posições.

Descobrindo como manter uma boa postura

Ativando o centro de força

A primeira coisa a aprender é como ativar o *centro de força*, pois ele será sua base de sustentação quando estiver em movimento. Nossa coluna tem curvas naturais: a primeira na região da nuca (coluna cervical – curva convexa); outra, na parte superior das costas (coluna dorsal ou torácica – curva côncava) e, por fim, na parte inferior das costas (coluna lombar – curva convexa). Essas curvas naturais absorvem os choques ou impactos que o corpo sofre, mas é necessário que estejam alinhadas de modo natural com a pelve, e não muito pronunciadas. Para tal é preciso usar a musculatura abdominal, que quando contraída evita que as curvas naturais se tornem muito evidentes e que exerçam pressão desnecessária sobre a coluna. Comece com o seguinte exercício.

1. Em pé, mantenha os pés paralelos, alinhados com o quadril, e relaxe o abdome.
2. Em seguida, concentre-se nos músculos localizados entre a pelve e a parte inferior da caixa torácica. Imagine que são um espartilho e que, ao contraí-los, a pelve se mantém em posição neutra, sem sair de seu eixo. Para manter a pelve mais equilibrada, sinta o umbigo sendo levado em direção à coluna, e os músculos do assoalho pélvico, ou períneo (aqueles que você usa quando quer parar de urinar), contraídos. Para sentir melhor o movimento, coloque o dorso de uma mão sobre a lombar e a palma da outra sobre o abdome. Seu abdome deve afastar-se da mão que está na frente, mas as costas devem se manter em posição (ou seja, você não deve exercer qualquer pressão contra a mão que está nas costas).
3. Mantenha essa posição por cinco segundos e faça esse exercício várias vezes ao longo do dia, até que a postura se torne natural. Repita o movimento cada vez que eu pedir para ativar o *centro de força*.

Mantendo uma boa postura em pé

1. Em pé, com os pés paralelos, alinhados com o quadril, mantenha a pelve e os joelhos soltos e os ombros para trás e para baixo. Posicione o queixo de modo que as orelhas e os ombros estejam alinhados, e olhe para um ponto fixo à sua frente, à altura dos olhos. Ative o *centro de força*, levando o umbigo em direção à coluna.
2. Em seguida, balance o corpo para a frente, transferindo o peso para os dedos dos pés.
3. Balance, então, o corpo para trás, transferindo o peso para os calcanhares. O objetivo desse exercício é encontrar o eixo, portanto continue a balançar o corpo para a frente e para trás, diminuindo aos poucos a amplitude do movimento até que você encontre seu eixo, de forma que o peso de seu corpo esteja distribuído de modo uniforme entre os dedos dos pés e os calcanhares.

Mantenha o corpo nessa posição por alguns instantes e concentre-se na sensação que ela lhe traz, para que possa voltar a senti-la sempre que estiver em pé.

Ative o *centro de força*, levando o umbigo em direção à coluna. A região lombar não deve estar arqueada demais, nem completamente reta, mas em equilíbrio. Mantenha o corpo nessa posição por alguns instantes e concentre-se na sensação que essa postura lhe traz, para que possa voltar a senti-la facilmente da próxima vez que se sentar.

Mantendo uma boa postura ao deitar-se

Deite-se de costas, com os joelhos flexionados e os pés bem apoiados no solo. Coloque os braços no chão, ao longo do corpo, e relaxe a nuca, sem projetar o queixo para cima. Relaxe a pelve e sinta como ela toca o solo. Mantenha a curvatura natural da coluna lombar – não a deixe totalmente apoiada no solo, nem formando um grande arco (deve haver espaço suficiente entre as costas e o chão para que você consiga passar uma folha de papel de um lado para o outro).

Ative o *centro de força*. Imagine, então, que há uma corda amarrada ao topo de sua cabeça, puxando seu corpo para cima e alongando a coluna. Você deve sentir que seu corpo cresce cada vez mais. Mantenha os ombros para trás, alinhados com as orelhas e os braços pressionados contra o solo. Fique nessa posição por alguns instantes e, da próxima vez que se deitar, lembre-se da sensação que ela lhe trouxe.

Mantendo uma boa postura ao sentar-se

Sente-se em uma cadeira com encosto firme. Posicione o quadril mais perto do encosto quanto possível. Mantenha os pés e os joelhos alinhados com o quadril. Os joelhos e o quadril devem estar no mesmo nível. Sinta as costas eretas e as orelhas, ombros e quadril alinhados. Caso tenha um espelho de corpo inteiro, sente-se em frente a ele de modo que consiga ver seu alinhamento e acostumar-se à posição.

Como manter uma boa postura no escritório

Apoio para as costas
Certifique-se de que o encosto de sua cadeira ofereça bom apoio para as costas. Você deve posicionar o quadril na parte posterior do assento, e a curvatura da cadeira deve estar adequada à sua curvatura lombar. Regule sua cadeira de modo a adequá-la a seu corpo.

Altura da cadeira
Sua cadeira deve ter regulagem de altura para que, ao sentar-se e apoiar os pés no chão, os joelhos e quadril estejam alinhados. O quadril nunca deve estar em nível mais baixo que os joelhos para não sobrecarregar a região lombar.

Em frente ao computador
Quando estiver trabalhando em frente ao computador, mantenha o monitor e o teclado bem à sua frente, em uma posição que não o obrigue a mudar o foco do olhar com frequência.

Posição do antebraço
Sua cadeira deve estar regulada a uma altura que lhe dê condições de posicionar o antebraço sobre a mesa (de trabalho) sem esforço. O teclado do computador deve estar alinhado, tanto quanto possível com os cotovelos, para que não seja preciso levantá-los ou abaixá-los demais enquanto digita. Busque manter os punhos em uma posição neutra, pois isso evitará que venha a sofrer de lesão por esforço repetitivo (LER).
Usar um apoio para o punho pode ser uma boa opção.

Exercícios Posturais

Os exercícios de fortalecimento e de alongamento propostos a seguir, além de propiciar mais controle e estabilidade do *centro de força*, farão com que você sinta seu corpo mais ágil e flexível.

1. POSICIONAMENTO DO QUEIXO

Qual é o objetivo?

Este é um excelente exercício para corrigir a hiperextensão da nuca e alinhar a cabeça com a coluna vertebral. Dê uma olhada em fotografias antigas e veja se você tinha o costume de projetar o queixo para frente. Muitos de nós temos esse hábito – o que frequentemente causa dores de cabeça e tensão na nuca e nos ombros.

Como executar

Sentado ou em pé, coloque um dedo sobre o queixo e, com delicadeza, pressione o queixo e a cabeça para trás até que sua nuca esteja alinhada com os ombros. Mantenha a posição por dez segundos e relaxe.

Número de repetições

Repita o movimento dez vezes.

Dicas imbatíveis

- Ao fazer o exercício, sente-se de lado a um espelho e observe sua postura com o canto dos olhos.
- Mantenha o olhar em um ponto fixo exatamente à sua frente para não cair na tentação de levantar o queixo.

2. ALONGAMENTO DA MUSCULATURA PEITORAL

Qual é o objetivo?

Este alongamento abrirá a musculatura peitoral que, de modo geral, se contrai, provocando rolamento dos ombros para a frente e para o dorso curvo.

Como fazer

Em pé, apoie-se no batente de uma porta aberta, com os cotovelos formando um ângulo de 90 graus e as mãos apoiadas em cada um dos lados dele.

Dê um passo à frente com o pé direito, com o joelho dobrado, colocando o peso do corpo sobre a perna direita. Flexione o joelho até conseguir sentir o alongamento da musculatura peitoral. Mantenha a posição por 30 segundos.

Número de repetições

De duas a quatro repetições de cada lado.

Dicas imbatíveis

- Ao dar um passo à frente, mantenha a coluna alinhada.
- Quanto mais flexionar o joelho da frente, maior será o alongamento da musculatura peitoral.
- Não alongue os músculos a ponto de sentir dor.

3a

3b

3. ELEVAÇÃO DOS BRAÇOS CONTRA A PAREDE

Qual é o objetivo?

Este exercício, além de alongar a musculatura peitoral, trabalha a coluna dorsal. Ele irá ajudá-lo a sentir a coluna dorsal e os ombros alinhados.

Como executar

a. Em pé, com as costas apoiadas contra uma parede e os pés alinhados com o quadril, dobre os braços em um ângulo de 90 graus e os apoie contra a parede – os cotovelos devem manter-se no nível dos ombros.

b. Deslize, devagar, os braços para cima, contra a parede, até que os cotovelos estejam alinhados com as orelhas. Em seguida, volte à posição anterior. Mantenha a região lombar apoiada contra a parede, e cotovelos e punhos em contato com ela durante todo o movimento.

Quantas repetições?

Repita o movimento dez vezes.

Dicas imbatíveis

- Execute o exercício devagar, controlando todas as etapas do movimento.
- Mantenha o corpo ereto e relaxado. O movimento deve partir dos braços.
- Enquanto os braços se movimentam, mantenha as costas apoiadas contra a parede.

4. EXERCÍCIO ABDOMINAL NA CADEIRA

Qual é o objetivo?

Aprender a controlar o *centro de força*.

Como executar

Sente-se em uma cadeira com encosto firme, pés alinhados com o quadril e as mãos sobre o abdome. Contraia os músculos abdominais como se alguém estivesse prestes a lhe dar um soco no estômago. Ao mesmo tempo, pressione os dedos das mãos contra a parte baixa do abdome. Isso o levará a contrair ainda mais a musculatura abdominal. Mantenha a posição durante dez segundos e, então, relaxe.

Quantas repetições?

Repita o movimento cinco vezes.

Dica imbatível

- Durante a contração do abdome, continue respirando normalmente.

5. BOA POSTURA EM PÉ E SENTADO

Qual é o objetivo?

Este é um excelente exercício para aprender a manter uma boa postura ao levantar e ao sentar-se. É importante sentir o trabalho que a musculatura abdominal e a das pernas executam para manter o corpo alinhado durante o exercício.

Como executar

a. Sente-se com as costas eretas na beira de uma cadeira que tenha um encosto firme. Mantenha os pés paralelos, firmes no solo, alinhados com o quadril, e os braços relaxados ao lado do corpo.

b. Levante-se, mantendo a nuca alinhada com a coluna, sem jogar o corpo para a frente ou usar os braços como alavanca para impulsioná-lo. Em seguida, sente-se de novo, lentamente, com a coluna ereta, sem soltar o peso do corpo sobre a cadeira.

Quantas repetições?

Repita o movimento dez vezes.

Dicas imbatíveis

- Para manter o equilíbrio durante todo o exercício, concentre-se na musculatura abdominal.
- Mantenha os braços ao lado do corpo e, ao levantar-se, não apoie as mãos nas coxas.
- Quando tiver adquirido controle do movimento, experimente fazer o exercício com um livro sobre a cabeça para testar sua postura.

6. ELEVAÇÃO DOS BRAÇOS

Qual é o objetivo?

Este exercício trabalha as escápulas, abre a musculatura peitoral e ajuda os ombros a se acomodarem para trás e para baixo.

Como executar

a. Deite-se de bruços, com os braços ao lado do corpo, na altura dos ombros com os cotovelos formando um ângulo de 90 graus. Relaxe a testa sobre o solo, de modo que a nuca esteja alinhada com a coluna.

b. Mantenha os cotovelos em um ângulo de 90 graus e tire os braços do solo, erguendo-os o máximo possível e aproximando as escápulas. Mantenha a posição por cinco segundos.

Quantas repetições?

Repita o movimento dez vezes.

Dicas Imbatíveis

- Movimente apenas os braços. Busque manter o tronco imóvel.
- Enquanto ergue os braços, imagine as escápulas deslizando juntas pelas costas.

7. ELEVAÇÃO LATERAL

Qual é o objetivo?
Este exercício é um verdadeiro teste da estabilidade de todo o *centro de força*, pois caso o corpo não esteja perfeitamente alinhado, será impossível controlar o movimento e manter o equilíbrio!

Como executar
a. Deite-se sobre o lado esquerdo do corpo, com o braço esquerdo estendido acima da cabeça e o braço direito apoiado ao longo do corpo. Observe se seu corpo está alinhado.
b. Erga ambas as pernas a alguns centímetros do chão e mantenha a posição por 10 segundos. Em seguida, abaixe as pernas retornando à posição inicial.

Quantas repetições?
Repita o movimento cinco vezes de cada lado.

Dicas imbatíveis
- Mantenha os quadris na mesma linha e não deixe o corpo rolar para trás ao erguer as pernas.
- Mantenha o *centro de força* ativado enquanto realiza o exercício. Isso o ajudará a manter o equilíbrio
- Imagine que seu corpo é uma tora de madeira, sem curvas ou dobras!
- Mantenha o corpo o mais alongado possível durante todo o exercício, imaginando que ele "cresce" a partir das extremidades – os dedos das mãos e dos pés.

8. ALONGAMENTO DA MUSCULATURA POSTERIOR DA COXA

Qual é o objetivo?

Os posteriores da coxa são músculos longos, que se estendem desde a porção superior da coxa até o joelho. Quando passamos várias horas sentados, esses músculos tendem a ficar muito tensos – uma das principais causas de má postura e dores lombares. Este exercício é também um excelente alongamento para depois de uma longa caminhada.

Como executar

a. Deite-se de costas com os joelhos dobrados e os pés firmes no solo. Segure a perna direita com ambas as mãos e a traga em direção ao corpo, mantendo-a estendida e com o joelho um pouco relaxado.
b. Caso tenha dificuldade em segurar a perna com as mãos, use a faixa de um roupão ou uma toalha para ajudar no movimento.
c. Para aumentar a amplitude do movimento, estenda a perna esquerda contra o solo enquanto puxa a direita. Mantenha a posição por 30 segundos.

Quantas repetições?

Execute o mesmo movimento uma vez com cada perna.

Dicas imbatíveis

- Mantenha a perna que está sendo alongada estendida, mas não "trave" o joelho para não sobrecarregá-lo.
- Respire fundo e, ao soltar o ar, puxe a perna um pouco mais em direção a si.
- Evite hiperestender a musculatura, trabalhe dentro de seus limites.
- Mantenha a cabeça e os ombros relaxados e em contato com o solo durante todo o exercício.

9. PRANCHA

Qual é o objetivo?

Este é um vigoroso exercício isométrico que fortalece a musculatura abdominal profunda, a qual protege a caixa torácica, propiciando, assim, mais controle da cintura e estabilidade do tronco.

Como executar

a. Primeiramente, deite-se de bruços sobre um colchonete, com o antebraço apoiado no solo e as palmas das mãos voltadas para baixo na mesma linha das orelhas.

b. Erga o tronco, mantendo os joelhos no chão e apoiando o peso do corpo no antebraço e no metatarso (a metade anterior dos pés). Mantenha os ombros para baixo e para trás, e os dedos dos pés curvados, apoiados contra o solo. Ative seu *centro de força* para não arquear a coluna.

c. Caso queira aumentar o grau de dificuldade do exercício, tire os joelhos do chão até que o tronco e as pernas estejam em linha reta – prancha completa. Mantenha a posição entre 15 e 30 segundos.

Quantas repetições?

Repita o movimento entre duas e três vezes.

Dicas imbatíveis

- Mantenha o abdome contraído e a coluna alinhada durante todo o exercício.
- Somente parta para a prancha completa se conseguir manter a coluna alinhada durante todo o exercício. Caso contrário, continue a executar a postura mais simples.
- Continue respirando. Você vai se sentir tentado a prender a respiração!
- Evite fazer este exercício caso sinta qualquer dor nas costas.

9b

9c

10. ALONGAMENTO DAS COSTAS

Qual é o objetivo?
Este exercício, além de fortalecer a lombar, é fundamental para proteger contra dores e lesões nas costas.

Como executar
a. Deite de bruços com a testa em contato com o solo e as palmas das mãos relaxadas sobre a lombar.
b. Ative o *centro de força* e, em seguida, eleve a parte superior do corpo alguns centímetros do solo. Mantenha a posição por 30 segundos e, então, lentamente, volte à posição inicial.

Quantas repetições?
Repita o movimento entre dez e 15 vezes.

Dicas imbatíveis
- Mantenha o olhar fixo em direção ao solo durante todo o exercício, de modo que a região cervical permaneça alinhada com a coluna.
- Não tente elevar demais o corpo; alguns centímetros são suficientes.
- Para aumentar a intensidade do exercício, coloque as mãos atrás da cabeça, com as palmas voltadas para baixo.
- Caso sinta qualquer dor na região lombar, interrompa o exercício.

10a

Melhorando a Postura

"ALERTAS" POSTURAIS

• Corrija sua postura quando estiver em pé e notar que seus ombros estão rolados para a frente.

• Não exagere a curvatura natural da coluna lombar.

• Evite carregar peso apenas com um lado do corpo.

• Evite prender o telefone entre o ombro e a orelha.

• Evite usar sapatos de salto alto por muito tempo.

• Sempre que for pegar um objeto pesado, dobre os joelhos e mantenha as costas retas.

• Durma em colchão que ofereça bom apoio para as costas.

• Ao assistir televisão, sente-se com a coluna reta, em vez de "se jogar" no sofá.

10b

Capítulo 3

A Técnica de *Power Caminhada*

Você deve estar se perguntando por que é necessário ler um capítulo que ensine a caminhar, sendo que isso é algo que você faz por conta própria desde os 2 anos de idade! No entanto, o segredo para a perda de peso e queima de gordura está em praticar uma caminhada vigorosa, em ritmo acelerado, e, para conseguir isso, a técnica é primordial – caso contrário, chegará um ponto em que, por mais que se esforce para aumentar a velocidade de suas passadas, não conseguirá mais perder peso.

Para obter todos os benefícios que a *power caminhada* pode proporcionar, seu corpo precisa funcionar como uma orquestra afinada, com todos os instrumentos em perfeita harmonia. Os movimentos devem fluir, um passo deve levar ao próximo, sem qualquer esforço ou tensão. Quando você está relaxado, consegue treinar de modo mais intenso, o que gera melhores resultados, tanto em termos de condicionamento físico como de perda de peso. Apesar de o corpo trabalhar como um todo durante a *power caminhada*, optei por explicar o movimento de cada uma de suas partes em separado, para que você possa se concentrar em cada uma delas: braços, pernas, pés, tronco, etc., antes de entender o conjunto. Isso não quer dizer que a técnica da *power caminhada* seja complexa, no entanto, ela exige que você caminhe de modo diferente do que está acostumado. Portanto, após anos de maus hábitos, nada melhor do que começar do zero. A boa postura é a base do caminhar, pois caso o corpo não esteja alinhado, este tentará compensar o desequilíbrio, causando lesões e contraturas musculares. Por vezes, é difícil ter controle sobre o movimento, em especial quando aumentamos a velocidade das passadas. Peça, portanto, a algum amigo que observe seus movimentos. Após iniciar seu programa de treino, é recomendável fazer uma "manutenção técnica" a intervalos regulares para se certificar de que não está incorrendo em nenhum velho e mau hábito.

Parte inferior do corpo

Acertando o passo

O primeiro e mais importante fator a ser definido é sua passada. Vamos, portanto, observar o que deve, de fato, acontecer cada vez que você dá um passo à frente.

Determinando o comprimento ideal da passada

O erro mais comum, ao tentar caminhar mais rápido, é aumentar demais a amplitude da passada. Ao fazer isso, além de desalinhar o corpo, você aumenta o risco de lesões e gasta mais energia do que o necessário.

A amplitude da passada é determinada pelo comprimento das pernas, a flexibilidade da musculatura posterior da coxa e a mobilidade do quadril. Com o aumento da flexibilidade das articulações, os posteriores da coxa se alongam, você perde peso, consegue aumentar a amplitude da passada e, consequentemente, caminhar mais rápido. A primeira etapa, no entanto, é descobrir como caminhar mantendo o movimento fluido. Experimente o exercício a seguir para "acertar o passo".

1. Encontre um espaço grande o suficiente para dar vinte passos à frente. Antes de iniciar o exercício, pare e observe se o seu corpo está alinhado (ver cap. 2). Após sentir que está na posição ereta, com os ombros relaxados e o peito aberto, comece a caminhar em ritmo normal e observe o que acontece com seu corpo.

Sentir a cabeça movimentando-se para cima e para baixo e/ou a perna da frente dando um passo um pouco além de seu comprimento são sinais de que sua passada está longa demais para sua estrutura corporal – esta deve ser natural e não exigir esforço, portanto analise seu movimento tendo como base a fluidez.

2**a** e **b**. Caminhe novamente em ritmo normal, mas desta vez varie o comprimento das passadas, dando passos mais longos (a), ou mais curtos (b), até descobrir o mais confortável. É importante caminhar de modo relaxado, mantendo uma boa postura, sem dar passos longos demais.

3. Em seguida, tente aumentar a velocidade, o que deve ser feito aumentando o ritmo das passadas e não a amplitude delas. Não tente, a princípio, caminhar rápido demais, vá aos poucos, conforme se sinta confortável com o novo limiar. Você descobrirá que, ao adquirir mais força e resistência, e adaptar-se à técnica da *power caminhada*, seu ritmo aumentará de modo natural.

Determinando a largura ideal da passada

A largura da passada também é outro fator importante da técnica de caminhada, pois ao manter a distância adequada entre os pés, além de caminhar mais rápido, você terá desgaste muito menor de energia. Faça agora o seguinte exercício:

1. Imagine que há à sua frente uma linha reta com a mesma largura de uma trave de ginástica olímpica. Caso prefira, faça no chão uma linha reta usando uma fita adesiva e tente caminhar ao longo dela, posicionando os pés na borda externa da fita. Os pés devem quase se justapor, mas não serem posicionados exatamente um na frente do outro.

2. Tente, então, caminhar combinando o comprimento, a largura e a velocidade da passada. A princípio, pode ser que se sinta um pouco "desajeitado", mas não desista. Com a prática, o movimento se tornará natural e você, além de economizar tempo e energia, evitará lesões.

Balanço do quadril

Você irá notar que, ao transferir o apoio de uma perna para outra, sentirá o balanço dos quadris de um lado para o outro um pouco mais acentuado do que o habitual. Esse é um movimento natural, pois, ao combinar a largura e a extensão de suas passadas, a pélvis e os quadris se movimentam de modo mais solto para facilitar o balanço das pernas. No entanto, preste atenção para não exagerar a oscilação dos quadris e da pélvis, a ponto de ela ser tão exagerada quanto a dos praticantes de marcha atlética. O balanço dos quadris tem por objetivo apenas aumentar a fluidez do movimento.

Preparando os pés e as pernas

Antes de caminhar, além de observar se seu corpo está alinhado, sacuda suavemente cada uma das pernas, para se certificar de que a musculatura da perna e ao redor do joelho não esteja contraída. Faça disso um hábito, pois é importante não travar a articulação do joelho quando o calcanhar atinge o solo, ou quando os dedos do pé que está na perna de trás empurram o chão. Tal cuidado evita sobrecarga sobre o joelho, que poderá ter como consequência dores e contraturas musculares.

Os pés têm importância fundamental durante a caminhada, visto que um deles sempre está em contato com o solo enquanto caminhamos. O calcanhar é a primeira parte a tocar o solo, e os dedos, por fim, empurram o chão, impulsionando o corpo para a frente, levando-o ao passo seguinte. Observe a seguir como os pés executam esse movimento:

1. Comece dando um passo à frente com a perna direita. O calcanhar deve ser a primeira parte do pé a tocar o chão, com o tornozelo formando um ângulo de cerca de 45 graus.
2. Role o pé anterior, apoiando-o por inteiro no solo, enquanto transfere o peso do corpo para a frente. Tome cuidado para não "bater" o pé contra o chão.
3. A seguir, empurre o solo com o metatarso e os dedos do pé da perna esquerda, que está atrás, trazendo-a para a frente, pronta para dar o próximo passo e tocar o solo com o calcanhar. Durante o balanço não eleve demais o pé esquerdo, nem o arraste – uma distância entre três e cinco centímetros do solo é o ideal.

Medindo a passada

Um dos elementos mais importantes de seu programa de caminhada é saber qual o comprimento médio de sua passada. Essa medida lhe permitirá calcular a distância que consegue percorrer a determinada velocidade, e o ajudará a estabelecer metas a atingir. Um podômetro, além de ser capaz de calcular todos esses valores acima, mostra qual o gasto calórico durante seu treino.

Mesmo sem um podômetro você pode determinar a distância percorrida durante sua caminhada, bastando calcular o comprimento de sua passada e o número de passadas por minuto. Ao multiplicar o comprimento de sua passada pelo número de passos por minuto, você saberá qual a distância que consegue percorrer em um minuto.

Para medir a amplitude de sua passada, será necessária a ajuda de um amigo e uma fita métrica. Procure um espaço grande o suficiente para que possa dar pelo menos entre 20 e 30 passos à frente. Comece a caminhar em seu ritmo normal e, então, acelere o passo. Ao alcançar sua velocidade média, pare e peça a seu amigo que meça a distância entre o calcanhar do pé da frente e o calcanhar do pé de trás. Essa é a medida de seu passo. Repita o movimento algumas vezes e registre o tamanho médio de sua passada.

Parte Superior do Corpo

Cabeça

Ao caminhar você deve manter a cabeça em posição neutra e o olhar em linha reta; nem para cima, nem para baixo. Uma boa dica para ter certeza de que a cabeça está alinhada é conservar o queixo paralelo ao solo.

Ao começar a caminhar, foque o olhar em um ponto que esteja entre cinco e seis metros à sua frente. Apesar de às vezes ser necessário olhar para o chão para saber onde está pisando, busque manter a nuca alinhada durante a maior parte do tempo.

Ombros

Os ombros devem permanecer relaxados e para baixo durante todo o trajeto, pois caso estejam tensos ou curvados para a frente dificultarão o balanço dos braços. Lembre-se das normas de boa postura: relaxe, mantenha o peito aberto e a cabeça alinhada com a coluna. Dessa forma, evitará naturalmente que os ombros se sobrecarreguem.

Tronco

Para manter uma boa postura ao caminhar, é necessário usar a porção média do corpo, ativando a musculatura abdominal, protegendo, assim, a região lombar. Leve o umbigo em direção à coluna e imagine que há um fio puxando sua cabeça para cima. Dessa forma, sua coluna ficará protegida e alongada durante todo o treino. Encaixe a pelve para que a região lombar fique firme e alinhada, e o quadril se solte, tornando seu passo mais fluido.

Braços

Mover os braços de modo correto é fundamental para caminhar com eficiência, pois eles, além de impulsionarem o corpo para a frente, ajudam a aumentar a velocidade das passadas, tanto quanto as pernas.

Além disso, o movimento correto dos braços torna seu treino mais intenso, sem que seja necessário caminhar mais rápido ou por mais tempo. O balanço vigoroso, mas controlado dos braços e ombros, aumenta, de modo significativo, o esforço da parte superior do corpo, fortalecendo a musculatura e acelerando os batimentos cardíacos.

Caso você não esteja acostumado a praticar *power caminhada*, pode ser que, a princípio, seus braços fiquem um pouco doloridos; talvez você se sinta um tanto envergonhado ao caminhar pela redondeza balançando os braços. No entanto, não desista, pois, com o tempo, o movimento correto dos braços o ajudará a melhorar a cadência das passadas e a aumentar, de modo significativo, a intensidade do treino.

1. Primeiramente dobre os braços, formando um ângulo de 90 graus, e mantenha essa posição ao longo do treino. Ao iniciar a caminhada, balance os braços em oposição às pernas, ou seja, quando a perna direita avança, você deve levar o braço esquerdo à frente. O movimento deve partir dos ombros e é importante sentir que os braços quase tocam os quadris durante o balanço.

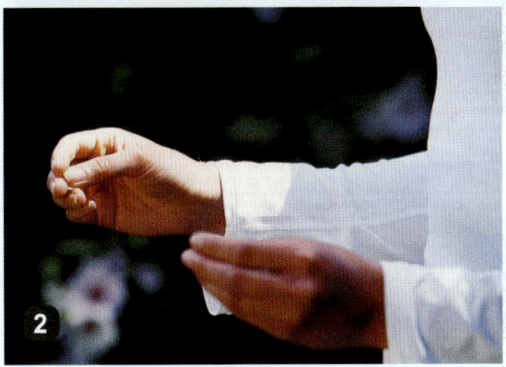

2. Controle a amplitude do movimento. Quando o braço vai para a frente, a mão não deve elevar-se acima da altura do queixo, e quando se move para trás, não deve passar da linha do quadril.

Preste atenção às mãos. Elas devem estar em concha, como se estivessem segurando algo muito delicado entre o polegar e os dedos e não com o punho cerrado.

Controlando a respiração

Oxigênio é um elemento vital. Sem ele não conseguimos sobreviver por mais de poucos minutos. No entanto, apesar de todas as pessoas respirarem e absorverem oxigênio, poucas usam sua capacidade respiratória ao máximo. De modo geral, nossa respiração é curta, pois levamos o ar apenas até a altura do peito e, desse modo, os pulmões não são usados em sua plena capacidade; por conseguinte, os músculos responsáveis pela expansão dos pulmões são pouquíssimo usados.

Caminhar é uma atividade aeróbica, ou seja, "necessita de oxigênio". Ao realizarmos esse tipo de exercício, o oxigênio, levado por meio da corrente sanguínea aos órgãos internos e aos músculos que estão sendo trabalhados, é utilizado para queimar gordura, transformando-a em energia. Quando aumentamos a intensidade da caminhada, exigimos mais de nosso organismo, sendo necessário respirar mais profundamente a fim de oferecer ao corpo a taxa extra de oxigênio de que ele necessita e, se não respirarmos corretamente, é provável que nos sintamos sem fôlego.

Respirar de maneira certa quer dizer respirar profundamente, usando o diafragma, músculo localizado logo abaixo da região peitoral. Ao respirarmos, esse músculo se movimenta para cima e para baixo, dando espaço para os pulmões se expandirem, ao inspirarmos e ajudando-os a expulsar o ar quando expiramos.

Quando em repouso, a maioria dos indivíduos inspira cerca de meio litro de ar. Os pulmões, no entanto, têm a capacidade de absorver uma quantidade dez vezes maior. Quando usa os músculos abdominais ao se exercitar, você os fortalecerá de modo que conseguirá inalar um volume maior de oxigênio, mesmo quando em repouso. Com a melhora do preparo físico, seu corpo passará a fazer uso do oxigênio de modo muito mais eficiente.

Exercício de respiração abdominal

1. Deite de costas, com as mãos sobre o abdome. Mantenha a nuca alinhada com a coluna e os ombros relaxados e para baixo. Respire normalmente e observe o que acontece a seu corpo. Concentre a atenção no sobe e desce da região peitoral.

2. Experimente, então, usar os músculos abdominais para respirar, concentrando-se no diafragma. Você perceberá que suas mãos sobem e descem, acompanhando o movimento do abdome enquanto inspira e expira. Os músculos peitorais devem, se possível, permanecer estáticos, ou movimentar-se o mínimo possível.

Faça o exercício até sentir que o movimento flui de forma natural. Observe como sua respiração se torna mais profunda.

Este deve ser seu padrão respiratório durante todo o tempo, não importa o que esteja fazendo. Portanto, não descuide de sua respiração ao executar suas tarefas diárias e, quando necessário, "acerte o passo" – quanto mais praticar a respiração abdominal, mais natural ela será. A respiração abdominal também é uma ótima forma de aliviar o estresse, portanto, quando estiver passando por momentos de tensão, pare por alguns instantes e concentre-se no ritmo respiratório.

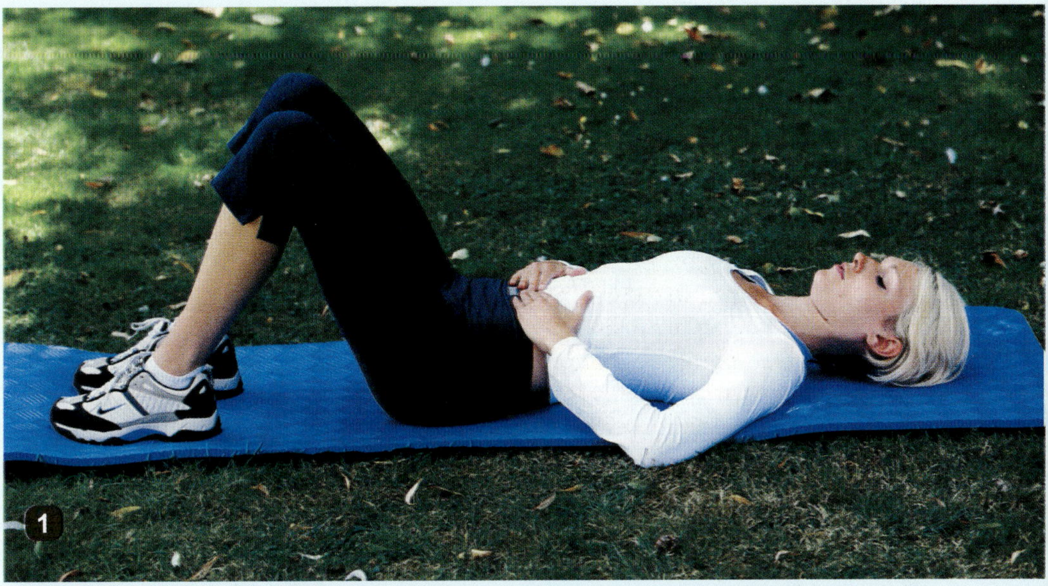
1

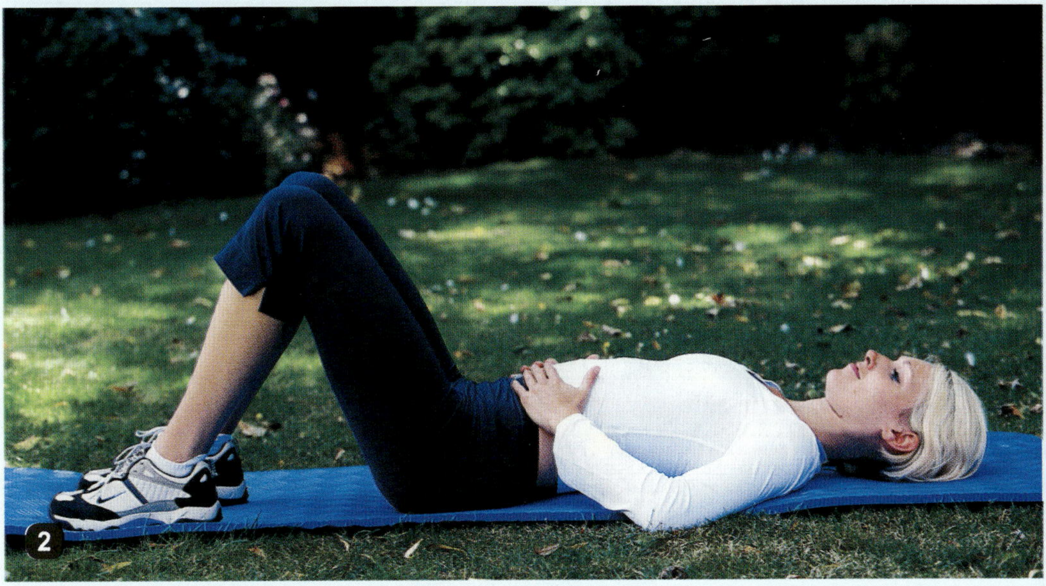
2

Resumindo...

Chegou a hora de juntar os diferentes aspectos da técnica de *power caminhada*. Não se preocupe se, a princípio, encontrar dificuldade em coordenar o movimento dos braços, das pernas, dos pés e a respiração! Com o tempo, o movimento se tornará natural.

1. Primeiramente, mantenha-se ereto, com o corpo alongado, os pés um pouco separados e os braços estendidos ao longo do corpo – em seguida sinta se seu corpo está alinhado. Ative o *centro de força* levando o umbigo em direção à coluna, foque o olhar em um ponto que esteja entre cinco e seis metros à sua frente e mantenha o queixo paralelo ao solo. Mantenha os ombros relaxados e para baixo e sinta que há um fio puxando sua cabeça para cima. Concentre-se na respiração abdominal.

2. Coloque seus braços em posição pronta para a caminhada, mantendo os cotovelos dobrados formando um ângulo de 90 graus. Você deve manter suas mãos em forma de concha, sem que os punhos estejam cerrados.

3. Em seguida, comece a caminhar, dando um passo à frente com o pé direito, lembrando-se de que o calcanhar é o primeiro ponto a tocar o solo. Os braços devem fazer um movimento oposto ao das pernas, ou seja, o braço esquerdo balança para a frente e o esquerdo para trás. Assim que o calcanhar tocar o solo, comece a transferir o peso do corpo para o pé direito.

4. Continue a transferir o peso do corpo para o pé direito, até sentir que este esteja distribuído de modo uniforme entre os dois pés. Durante o movimento, o braço direito deve continuar a balançar para a frente, e o direito para trás.

5. Ao transferir o peso do corpo para o pé direito, o pé esquerdo o impulsionará para a frente com a ajuda do metatarso. Quando todo o peso do corpo estiver apoiado sobre o pé direito, você deve sentir a perna esquerda estendida atrás de si e o movimento dos braços em sua amplitude máxima, com a mão da frente no máximo em linha com o queixo, e a de trás sem ultrapassar a linha com o quadril.

6. Em seguida, a perna esquerda se dobra, passando pelo centro do corpo, pronta para o próximo passo. O braço esquerdo deve ser levado para trás e o direito para a frente, de modo que passem pelo eixo do corpo ao mesmo tempo, antes de o braço direito ser levado à frente.

7. Agora você está pronto para dar o próximo passo, desta vez levando a perna esquerda para a frente, apoiando primeiramente o calcanhar, e balançando o braço direito para a frente e o esquerdo para trás.

Cuidados a Serem Tomados

Tronco inclinado para a frente

Isso normalmente é sinal de má postura e de olhar direcionado para o solo. Portanto, concentre-se em sua postura antes de começar a caminhar. Dessa forma, você respirará com muito mais facilidade e se sentirá melhor durante o treino. Direcione o olhar para um ponto que esteja entre cinco e seis metros à sua frente, evitando, assim, olhar para o solo.

Braços esticados

Quando nos concentramos em caminhar rapidamente, é comum deixarmos de prestar atenção ao balanço dos braços e mantê-los esticados e rígidos. No entanto, sem o impulso dos braços, caminhar torna-se um exercício muito mais desgastante, independentemente da velocidade. Além disso, você pode vir a sentir inchaço, formigamento e dormência nos dedos da mão, em virtude do aumento do fluxo sanguíneo nas extremidades superiores.

Respiração

É muito comum "esquecermos" de respirar quando nos concentramos no movimento! Algumas pessoas chegam a dar alguns passos segurando a respiração, sem soltar o ar. Busque manter um padrão respiratório ao longo de sua caminhada, dando o mesmo número de passos cada vez que inspira e expira.

Balanço dos braços

Outro erro muito comum é balançar os braços para os lados, em vez de para a frente e para trás, pois mesmo que eles estejam dobrados, formando um ângulo de 90 graus, podem estar cruzando o centro do corpo ao se moverem para a frente e afastando-se do corpo quando se movem para trás.

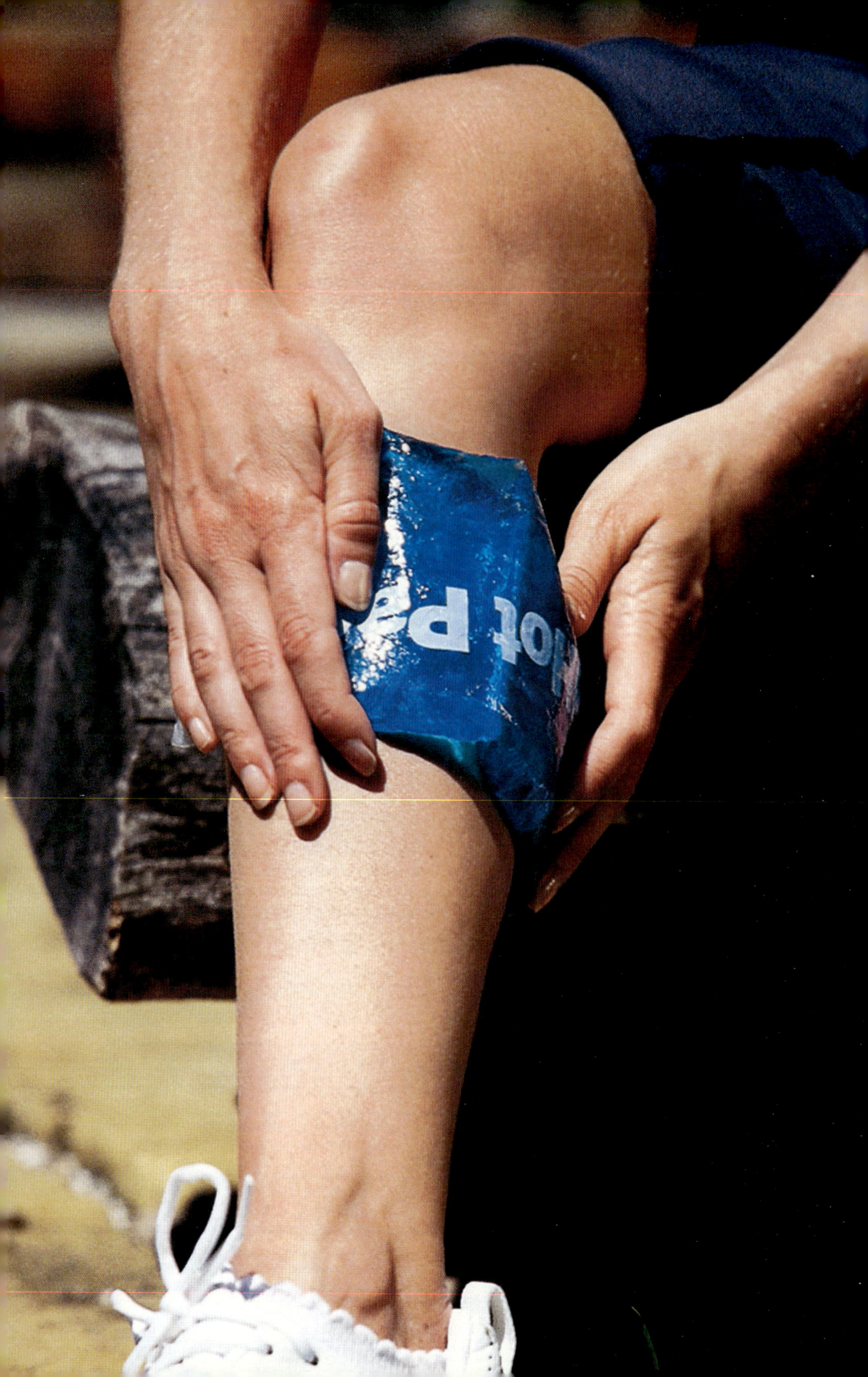

Lesões Mais Comuns

Mesmo tomando os devidos cuidados para reduzir de modo considerável o risco de lesões, é praticamente impossível não sofrer nenhuma entorse, contratura muscular, ou qualquer outro tipo de lesão ao longo da vida. É, portanto, necessário, saber identificar os sinais de alerta de lesões ou de traumatismos, e tomar as devidas precauções para evitar que o problema se torne mais sério. (Veja o quadro na página 59.)

Caso sinta algum dos seguintes sintomas: dor, sensibilidade, inchaço ou equimose ao caminhar, é recomendável interromper o treino. No caso de lesões leves ou sobrecarga muscular, alguns dias de descanso serão suficientes para que você se recupere e ponha o pé na estrada de novo. No entanto, caso esteja sentindo grave desconforto, talvez deva consultar um médico.

Tibialgia ou "dor na canela"

Essa é a lesão mais comum sofrida pelos caminhantes, caracterizada por dor aguda, latejamento ou sensibilidade na tíbia (ou canela), de modo geral causada pela inflamação do tecido que reveste a tíbia. Os iniciantes são, particularmente, suscetíveis a esse tipo de lesão, pois durante a caminhada os músculos dessa região sofrem sobrecarga por se contraírem e se estenderem cada vez que o pé é flexionado e apoiado contra o solo.

A tibialgia pode, também, ser consequência de um desequilíbrio entre os fortes músculos da panturrilha e os menos desenvolvidos músculos tibiais, de modo geral causado pelo uso de sapatos de salto alto ou pelo hábito de correr ou trotar em superfícies duras, como, por exemplo, pisos de concreto.

Busque, sempre que possível, caminhar em uma superfície macia, como um gramado. Observe o tamanho de seu calçado, pois tênis grandes demais podem levá-lo, sem querer, a "agarrar" o solo com os dedos do pé, exercendo sobrecarga desnecessária sobre os músculos tibiais.

Para tratar esse tipo de lesão, coloque uma bolsa de gelo sobre a região durante 10 a 15 minutos, três vezes ao dia. Não pratique *power caminhada* pelo menos por dois a três dias e, quando retomar o treino, comece devagar, voltando aos poucos ao ritmo a que estava acostumado.

Entorse

Entorse é uma lesão dos ligamentos articulares por causa de uma distensão ou torção brusca. Os sintomas de uma entorse incluem: inchaço, equimose, falta de força e, normalmente, dor ao pressionar a região lesionada.

Para tratar esse tipo de lesão, coloque uma bolsa de gelo sobre a região durante 10 a 15 minutos, três vezes ao dia, e a mantenha elevada tanto quanto possível. Evite treinar até que a região esteja totalmente curada. Ao retomar o treino, comece devagar, voltando aos poucos ao ritmo a que estava acostumado. Caso seus tornozelos sejam frágeis, proteja-os com uma tornozeleira.

Contraturas e Distensões Musculares

Uma contratura e uma distensão muscular são lesões nos músculos ou nos tendões, as quais têm diferentes gradações – a contratura é uma lesão leve que pode levá-lo a sentir certa debilidade da região afetada. No caso da distensão, há um estiramento das fibras musculares que pode comprometer os pequenos vasos sanguíneos e levar a hemorragia localizada e equimose, que terá como consequência inchaço, vermelhidão e falta de resposta do músculo.

Se for vítima de uma distensão muscular, coloque uma bolsa de gelo sobre o local lesionado, o mais rápido possível, e mantenha o membro elevado. Tome aspirina ou ibuprofeno para diminuir o inchaço e a dor e permitir que você se movimente sem tanta dificuldade. É recomendável não fazer nenhum esforço até que o inchaço e a dor tenham desaparecido e, ao retomar seu treino, comece devagar, voltando aos poucos ao ritmo a que estava acostumado, de modo que a região lesionada possa, aos poucos, voltar a ter a mesma força e flexibilidade de antes.

Cãibras Musculares

Logo após uma longa caminhada, normalmente sentimos cãibras nos pés, nas panturrilhas ou nas coxas. Esses espasmos são consequência do acúmulo de ácido lático nos músculos, ou da falta de sódio no organismo em virtude do suor excessivo.

Via de regra, não duram mais de poucos minutos. O melhor a fazer é alongar o músculo tensionado e massagear de leve a região até passar a dor.

A Dor do Baço

A dor de baço ou dor lateral que, na realidade, não tem nada a ver com o baço, é uma dor aguda localizada logo abaixo da caixa torácica, normalmente acompanhada por falta de ar. Essa terrível dor pode ocorrer em virtude de você se esforçar mais do que deveria, causando, como consequência, fadiga do diafragma ou de alimentar-se antes do treino. A melhor forma de livrar-se desse desconforto é mudar seu padrão respiratório por alguns minutos – segurar o ar por um tempo antes de soltá-lo costuma dar resultado.

Orientações No Caso de Lesões

Relaxe a área afetada. Evite realizar a atividade que causou a lesão e outros movimentos que causem dor.

Aplique gelo na região lesionada para aliviar a dor e diminuir o inchaço.

Comprima suavemente a região lesionada com uma faixa elástica ajustável ou comum, a qual, além de imobilizar a articulação, ajudará a reduzir o inchaço. Não a deixe muito apertada para não prejudicar a circulação sanguínea.

Eleve a área lesionada a fim de reduzir o inchaço. Use uma cadeira para apoiar os membros inferiores e uma tipoia para os membros superiores.

Esses quatro passos correspondem à sigla inglesa RICE [Rest, Ice, Compression and Elevate].

Capítulo 4

Escolhendo sua Modalidade de Caminhada

Apesar de, muito provavelmente, a *power caminhada* ser a atividade física mais indicada e prática para seu programa de perda de peso, outras modalidades de caminhada também oferecem benefícios. A *caminhada de montanha*, por exemplo, é um excelente exercício para perda de gordura, ao mesmo tempo em que fortalece a parte inferior do corpo e tonifica os músculos da coxa. Assim como a *caminhada ecológica* é uma excelente oportunidade para sair da rotina e estar ao ar livre, apreciando a vastidão, a liberdade e o ar puro. A caminhada nórdica é uma excelente atividade para perda de peso, pois os bastões aumentam o esforço exigido da parte superior do corpo e a intensidade do treino, de modo geral. Participar de grupos de caminhada também é uma ideia fantástica, pois terá o apoio de colegas e se sentirá mais motivado. As corridas e caminhadas beneficentes oferecem um objetivo a ser alcançado, além de serem eventos muito agradáveis.

Após ter atingido um bom condicionamento físico, experimente essas diferentes modalidades para descobrir qual delas lhe dará prazer e o ajudará a dar um passo à frente em seu programa de caminhada. Todas são excelentes treinos cardiovasculares e, ao praticar diferentes técnicas de caminhada, seu programa de treino será variado e o manterá motivado. Ao praticar, por exemplo, caminhada de rua e caminhada de montanha, você exigirá que seu corpo se adapte a diferentes tipos de esforços e evitará lesões por esforço repetitivo.

Caminhar é um excelente exercício que pode ser praticado por qualquer pessoa, independentemente da idade, pois só exige que você adapte seu ritmo e local de treino ao nível de condicionamento físico. Há inúmeras modalidades de caminhada, e neste livro cito apenas algumas. No entanto, busque saber mais a respeito!

Caminhada Nórdica

A caminhada nórdica está se tornando cada vez mais uma mania no mundo do *fitness*. Praticada originalmente nos países nórdicos, em especial na Finlândia, com o objetivo de manter os esquiadores em pleno preparo físico durante as estações quentes, a caminhada nórdica transformou-se em uma modalidade de atividade física, que requer o uso de equipamento específico desenvolvido em conjunto pela Exel Oyj, fabricante de equipamentos para atividades esportivas, por pesquisadores da área de medicina do esporte e por outros profissionais de *fitness*.

O ponto-chave da caminhada nórdica é a combinação da técnica de *power caminhada* com o uso de bastões semelhantes aos de esqui, os quais ajudam a sustentar o peso do corpo, elevando a intensidade do treino em até 20%. Ao contrário do uso de pesos livres, que podem comprometer a postura e diminuir a velocidade das passadas, os bastões são leves e o levarão a exercitar não só a parte inferior, como também a parte superior do corpo.

Estima-se que na Europa haja 3,5 milhões de praticantes de caminhada nórdica, e políticos e empresas estimulam sua prática. Diversos estudos comprovam os grandes benefícios de tal atividade em termos de condicionamento físico, tanto que, na Alemanha, o governo passou a custear as despesas de pacientes ambulatoriais que participem de um curso certificado de caminhada nórdica. Além disso, duas empresas de planos de saúde da Suíça decidiram beneficiar os detentores de apólices com bônus financeiros, caso participem de cursos de caminhada nórdica.

Os bastões usados na caminhada nórdica são flexíveis e planejados especificamente para essa atividade. Como a musculatura dos braços é mais solicitada do que em uma caminhada comum, por ser preciso pressionar os bastões contra o solo para impulsionar o corpo para frente, a parte superior do corpo exerce maior esforço.

A maior amplitude de movimento da caminha nórdica exige que a musculatura dos membros superiores trabalhe com mais intensidade do que nas outras modalidades de caminhada. Entusiastas da prática de caminhada nórdica afirmam que ela requer o esforço de 90% de nossos músculos esqueléticos, ao passo que a natação requer 35% e a corrida, 70%. Quanto mais exigimos de nossos músculos, mais energia despendemos e mais calorias gastamos e, exercendo uma atividade tão simples quanto a caminhada nórdica, realizada em ritmo normal, queimamos 46% mais calorias do que com a caminhada normal.

No entanto, apesar de você estar utilizando mais grupos musculares e energia, a caminhada nórdica pode lhe dar a impressão de ser mais fácil do que a caminhada comum, visto que o esforço exercido pelo corpo é mais uniforme. A intensidade de sua caminhada é determinada pelo esforço exercido pela parte superior do corpo. É, portanto, possível caminhar em grupo, acompanhado de indivíduos que tenham diferentes níveis de preparo físico e ainda assim exercitar-se em seu patamar de treino ideal.

A caminhada nórdica também promove a interação social. Quando conhecemos pessoas que partilham dos mesmos objetivos que nós, torna-se mais fácil manter-nos fiéis a nosso programa de perda de peso e usufruir das vantagens de estar ao ar livre.

Outro benefício da caminhada nórdica é a rotação da coluna. Quando levamos os bastões à frente em relação à perna que avança, aumentamos a mobilidade e a força dos discos da coluna. Tal movimento requer o trabalho do grande grupo muscular das costas, que leva as escápulas para baixo, reduzindo de modo significativo a tensão na nuca e nos ombros, evitando, assim, a dor nas costas. Além disso, como a maior parte do esforço é exercida pelos braços, os joelhos e outras articulações dos membros inferiores sofrem menos impacto, tornando possível que pessoas de qualquer faixa etária se exercitem com menos esforço do que o exigido durante uma caminhada rotineira ou uma corrida.

Mesmo ao realizar um treino vigoroso que exija grande esforço de seus braços, a taxa de esforço percebido* durante a caminhada nórdica é, de modo geral, muito baixa. Você ficará surpreso ao comparar/contrastar o ritmo de seus batimentos cardíacos com a intensidade em que parece estar treinando. Use um frequencímetro quando estiver caminhando. Posso garantir que ficará bem satisfeito.

A caminhada nórdica deve ser praticada por períodos de tempo relativamente longos – ou seja, entre 30 minutos e duas horas.

O ritmo deve ser regular e a frequência cardíaca mantida entre 120 e 150 batimentos por minuto (ver como calcular a intensidade ideal de seu treino no capítulo 6, pois esta é determinada de acordo com sua idade e forma física). No entanto, como durante a caminhada nórdica o número de batimentos cardíacos normalmente se eleva e a taxa de esforço percebido se mantém baixa, você pode incrementar a intensidade de seu treino de caminhada nórdica, andando por mais tempo e sem o esforço exigido por outras modalidades. Dessa forma, atingirá sua metas sem ter de "suar tanto a camisa" e sem pressão.

Alguns dos benefícios

• Aumento da frequência cardíaca entre cinco e 17 batimentos cardíacos por minuto (bpm) (ou seja, se na caminhada em ritmo normal sua frequência cardíaca é 130 bpm, na caminhada nórdica deve ser 147 bpm: um acréscimo de 13%).
• Aumento do gasto energético de 20% quando comparado ao da caminhada clássica.
• Alívio das dores e tensões musculares na nuca e nos ombros.
• Diminuição do impacto sobre os joelhos e outras articulações.

---

*N.T.: RPE, sigla derivada do inglês Rate Perceived Exercition.

Como escolher os bastões

A primeira coisa a fazer, caso queira experimentar a caminhada nórdica, é adquirir os bastões. Quando for comprá-los, observe os seguintes pontos. Os bastões devem:
• ter empunhadura confortável – no caso de longas caminhadas as luvas da manopla devem ser acolchoadas;
• ter manoplas ajustáveis – garantindo flexibilidade e conforto.
• ser feitos de material leve – para que os bastões possam balançar facilmente.
• ter ponteiras emborrachadas que possam ser retiradas de acordo com a superfície – as emborrachadas são ideais para superfícies pavimentadas e as com pontas de metal para terrenos naturais.
• ter ajuste de altura – mais fáceis de serem guardados e podem ser usados por outras pessoas. Antes de caminhar, não se esqueça de ajustar os bastões à sua altura (ver quadro abaixo).
• absorver o impacto – a grande porcentagem de carbono presente na liga de fibra de vidro e carbono promove melhor absorção do impacto e, como consequência, mais conforto ao caminhar.

Como calcular a altura do bastão

Os bastões para caminhada nórdica devem medir cerca de 70% de sua altura. São bem altos, de modo a otimizar o impulso do corpo para a frente. Para determinar a altura ideal de seu bastão, basta fazer o seguinte cálculo:
• multiplique sua altura em centímetros por 0,68.
• A altura dos bastões é especificada em intervalos de cinco centímetros (1,5m, 1,55m, 1,60m, etc.), portanto, determine o comprimento ideal do bastão, arredondando a medida para o intervalo mais próximo. A regra de ouro é observar se, ao segurar o cabo do bastão e fixar a extremidade dele no solo, seus cotovelos formam um ângulo de cerca de 90 graus.

A técnica correta de caminhada nórdica

Durante a caminhada nórdica, para que o esforço do braço seja transferido para a ponteira do bastão, em vez de segurar o bastão com força, você deve ajustar bem a luva que se prende a seu punho. Dessa forma, você conseguirá balançar os bastões sem dificuldade e tornar a passada e os movimentos do corpo mais fluídos.

Encaixe suas mãos na alça da manopla, uma espécie de luvas sem dedos que pode ser retirada. Segure o bastão com a base dos dedos polegar e indicador e deixe os outros dedos relaxados sobre a manopla.

1. Ao segurar os bastões, projete o corpo um pouco para a frente, mantendo os ombros relaxados e o olhar direcionado para a frente. Mantenha os bastões

1. O primeiro passo é verificar sua postura – olhe para cima, ative seu *centro de força*, respire com o diafragma e abra o peito. Mantenha os ombros relaxados, os braços soltos ao lado do corpo, as mãos abertas e, em seguida, coloque-as na luva da manopla e segure os bastões.
2. Comece a caminhar naturalmente e verifique se está apoiando os pés no solo de modo correto, a fim de exercitar a musculatura da panturrilha. Após o calcanhar tocar o solo, você deve rolar o pé em direção ao metatarso e, por fim, empurrar o chão com os dedos do pé que está atrás, o que impulsionará seu corpo para a frente, pronto para dar o próximo passo.
3. Quando estiver caminhando naturalmente, comece a balançar os braços, a partir dos ombros – com os cotovelos dobrados em um ângulo de 90 graus – mantendo-os próximos ao corpo para que funcionem como uma alavanca que o impulsiona para a frente. Cada vez que avançar com uma perna, o braço oposto deve acompanhar o movimento, balançando para a frente, sem ultrapassar a linha da cintura. Mantenha as mãos relaxadas de modo que os bastões estejam seguros pelas luvas e próximos ao corpo, formando uma diagonal com o solo.
2. Quando o bastão tocar o solo, leve-o para trás e segure-o com firmeza. Quando ele estiver atrás do corpo, relaxe a empunhadura e, por fim, abra a mão.
3. Cada vez que der um passo à frente, apoie o bastão no solo, ao lado do corpo, de forma que, enquanto avança e deixa o bastão para trás, o braço se estenda em linha reta. A regra de ouro da caminhada nórdica é manter os bastões, durante a maior parte do trajeto, atrás do corpo em diagonal com o solo.
4. Para obter o melhor resultado de seu treino de caminhada nórdica, lembre-se de sempre apoiar o bastão contra o solo, usando-o como alavanca para impulsionar o corpo para a frente, a cada passo, pois o simples vaivém dos bastões para a frente e para trás pouco benefício lhe trará.

Resumindo...

A técnica de caminhada nórdica tem como objetivo incrementar o esforço executado pela parte superior do corpo, aumentando, de modo suave, a amplitude de seus movimentos, sem comprometer o ritmo natural.

concentre-se em coordenar o movimento dos braços com o das pernas.
4. Quando se sentir confortável com o movimento, segure os bastões de modo suave. Quando o braço balançar para a frente, empunhe o bastão, sem muita força, e apoie-o no solo um pouco atrás do calcanhar do pé de avanço.
5. Conforme avança, empurre o bastão contra o chão com o braço posterior. Quando o bastão estiver atrás de seu corpo, segure-o com menos força e abra a mão. Esse movimento propiciará maior alongamento do braço e (maior) rotação da coluna.
6. Com um pouco de prática, você conseguirá coordenar o movimento das pernas, dos braços e do bastão, de forma que o movimento se torne natural. Os ombros e os quadris devem se mover em sentidos opostos – um erro muito comum dos iniciantes é tentar avançar com a perna direita e o braço direito ao mesmo tempo, os quais deveriam, na realidade, se mover em sentido oposto, ou seja, o movimento da perna direita deve ser acompanhado pelo do braço esquerdo.
7. Ao subir um declive, use as técnicas básicas de um terreno plano, mas projete o corpo mais à frente, como se estivesse praticando caminhada de montanha – os bastões servirão como uma fantástica alavanca que o impulsionará até o topo.

A técnica usada para descer por um terreno inclinado é um pouco diferente daquela usada para subir. É recomendável deixar os bastões atrás do corpo, em vez de apoiá-lo à sua frente, de modo que sirvam de apoio caso escorregue. Os bastões lhe darão a estabilidade necessária para conseguir controlar a descida. Assim como na caminhada comum, busque manter os joelhos flexionados para que seu centro de gravidade esteja mais próximo do solo, especialmente em terrenos muito íngremes.

Uma atividade para todos

Uma das grandes vantagens da caminhada nórdica é ser um exercício que pode ser executado com tranquilidade e segurança por qualquer pessoa, independentemente da faixa etária ou forma física. Os bastões propiciam estabilidade para aqueles que não se sentem seguros ao caminhar, e há técnicas específicas para os que sofrem de artrite nas mãos ou na parte superior do braço.

Antigos corredores são adeptos fervorosos desse tipo de exercício, por ser a caminhada nórdica uma prática de alta intensidade e baixo impacto, que os ajuda a manter o preparo físico; além disso, mesmo aqueles que tenham se mantido pouco ativos por certo tempo podem começar a realizar essa atividade sem maiores preocupações.

Caminhada em Shopping Centers

A Caminhada em *shopping centers* ou *"shopping centercício"** é uma modalidade de caminhada que nasceu nos Estados Unidos há 50 anos, quando o primeiro centro de lojas do mundo totalmente coberto foi inaugurado no estado de Minnesota. Após sua abertura, os médicos da cidade passaram a aconselhar seus pacientes cardíacos a se exercitar pelo *shopping* como parte do programa de reabilitação. Desde então, a popularidade desse tipo de caminhada cresceu tanto, que atualmente se acredita que seja praticada por mais de um milhão de pessoas nos Estados Unidos.

Ultimamente a modalidade tem ganhado adeptos por todo o mundo, pois os profissionais de saúde e os praticantes de atividades físicas se conscientizaram dos benefícios de ter um espaço coberto para caminhar, em particular, nos meses de inverno. Alguns *shopping centers* chegam a promover programas especiais de caminhada, oferecendo aos participantes incentivos, tais como: permissão para caminhar antes do horário regular de funcionamento, descontos em lojas, instrutores à disposição e mapas especiais que facilitam o cálculo da distância percorrida em cada um dos pisos do *shopping center*.

Independentemente de haver onde você mora um grupo organizado que pratique essa modalidade de caminhada, ou *shopping centers* que promovam programas especiais de caminhada, esta é, com certeza, uma maneira fantástica de se manter em movimento. Muitos dos *shoppings* estão abertos sete dias por semana, portanto você pode fazer sua caminhada bem cedo, ou tarde da noite, a fim de evitar a multidão, sem se preocupar com o tempo do lado de fora e com imprevistos como vento, chuva, frio ou calor extremos. Além disso, não terá de respirar a fumaça dos carros, ou se preocupar em olhar dos lados antes de atravessar uma rua. Caso esteja sozinho, você se sentirá tranquilo e seguro, pois sempre haverá pessoas ao redor, lojas abertas e seguranças de plantão.

A desvantagem dessa atividade é o tédio que você pode vir a sentir ao dar voltas e voltas em um circuito que, mesmo nos maiores *shoppings*, chega a ter no máximo cerca de 1,5 quilômetro – apesar do prazer de olhar as vitrines enquanto caminha! Outro inconveniente é o piso. Na maior parte dos *shoppings* ele é feito de concreto, e caminhar regularmente em piso duro irá sobrecarregar a tíbia. Use sempre um tênis com bom sistema de amortecimento para absorver o impacto e evitar lesões, e o substitua antes que esteja gasto demais.

---

*N.T.: Tradução livre do termo 'mallercise', como a atividade é por vezes chamada.

Ao caminhar por um *shopping* é importante estabelecer uma meta, caso contrário você corre o risco de se pegar andando em círculos sem qualquer propósito. Antes de iniciar, descubra qual o comprimento do circuito e determine o número de voltas que deseja completar a cada treino, e qual a distância que busca atingir ao final de seu programa. A cada treino aumente a distância percorrida até atingir sua meta e, então, busque diminuir o tempo levado para completar tal distância. Conforme sua forma física for melhorando, estabeleça novas metas a serem atingidas.

Caso queira fazer parte de um grupo de caminhada em *shoppings*, e não haja nenhum onde more, pense em criar um. Busque apoio de organizações e órgãos governamentais dispostos a incentivar programas que promovam o bem-estar e a saúde da população.

Caminhada de Montanha

Caminhar até o topo de uma montanha ou por terrenos montanhosos pode ser uma experiência extremamente estimulante e recompensadora. Além do imenso prazer de estar na serra, respirando ar puro, você poderá usufruir dos incríveis benefícios para sua forma física que essa atividade propiciará!

Acrescentar uma inclinação a seu trajeto de caminhada aumenta, de modo considerável, o esforço exigido e o gasto de calorias e, acredite se quiser, mesmo descer uma encosta exige que você despenda mais energia do que quando caminha no plano, além de ser excelente exercício para as pernas. Na dúvida, use um frequencímetro da próxima vez que for enfrentar uma montanha – garanto que ficará admirado com a rapidez com que seu coração reage ao desafio!

Levar o peso do seu corpo montanha acima aumenta de modo significativo a carga exercida sobre os músculos e requer muito mais esforço. Em terrenos muito íngremes, é comum a frequência cardíaca, mesmo de uma pessoa bem condicionada, aumentar em até cerca de 20%, e, na descida, é necessário contrair os músculos da perna para resistir à força da gravidade e diminuir o ritmo das passadas.

A caminhada em montanha exige uma técnica um pouco diferente, para que você se adapte ao terreno. Durante a subida, sustente o tronco à frente para manter o equilíbrio e o comprimento das passadas menor do que o usual. Dessa forma, o quadríceps, o grande grupo muscular da coxa, será o mais exigido durante o movimento.

Descer um terreno íngreme pode sobrecarregar as frágeis articulações dos joelhos e do quadril. Dê passos curtos e mantenha as costas eretas. Mantenha os joelhos ligeiramente flexionados para que não travem e fiquem rígidos. Caso a inclinação seja muito acentuada, desça em curva, o que evitará que escorregue.

A natureza, em sua maravilha, nos oferece montanhas condizentes com todos os níveis de habilidade, de forma que você pode escolher o grau de dificuldade da caminhada de acordo com o tamanho e a localização da montanha. Comece aos poucos, melhorando gradativamente seu condicionamento físico, sua habilidade de navegação e tornando-se mais confiante.

Nada lhe dará mais satisfação do que atingir o topo de uma grande montanha, olhar ao redor e ver até onde chegou, sem contar a vista maravilhosa!

Caminhadas Ecológicas

As caminhadas ecológicas são feitas longe das áreas urbanas e são normalmente realizadas em grupo, cujos participantes, de modo geral, seguem trajetos predeterminados, como estradas de terra por onde não passam carros, trilhas demarcadas, parques nacionais e terras de domínio público. Procure na internet um grupo que esteja de acordo com seus objetivos ou, caso prefira caminhar sozinho, busque informações sobre percursos em agências de turismo especializadas ou centros de turismo.

O grande atrativo das caminhadas ecológicas é o prazer de estar ao ar livre em meio à natureza, caminhando por diferentes tipos de terreno, que você pode escolher de acordo com seu condicionamento físico. Fazer parte de um grupo oferece algumas vantagens, sendo a maior delas a de você se sentir mais motivado: em primeiro lugar, porque irá sair para fazer sua caminhada e, em segundo, porque irá caminhar mais e por mais tempo, pois terá o incentivo do grupo. Sem contar as vantagens para sua vida social – fazer novos amigos e partilhar com eles suas experiências.

Como caminhar com segurança por áreas rurais

Esteja você sozinho ou em grupo, é importante planejar seu percurso antes de colocar o pé na estrada e levar consigo um mapa e uma bússola – além de ter certeza de que sabe como usá-los, o que poderá aprender facilmente com um amigo ou participante de seu grupo de caminhada.

• Use roupa adequada para caminhada (ver capítulo 8).

• Não deixe de consultar a previsão do tempo antes de partir. Mesmo assim, esteja preparado e leve consigo tanto roupas para frio como para calor, pois quanto mais alta a montanha que você for subir, mais difícil será prever as condições meteorológicas que irá encontrar (ver capítulo 8).

• É muito comum calcular para menos o número de horas que levaremos para completar um percurso pelas montanhas, o que significa que talvez você ainda esteja no meio de uma montanha após o anoitecer. Lembre-se de que, ao subir um terreno inclinado, você caminha muito mais devagar do que no plano.

Não deixe de calcular com antecedência quanto tempo você acredita ser necessário para completar um percurso com folga.

• Ao caminhar em grupo, planeje sempre o percurso de acordo com a capacidade dos participantes menos preparados.

• Quando for caminhar por regiões distantes, leve sempre o celular, pois no caso de uma emergência você poupará um tempo precioso ao conseguir entrar em contato com os serviços de emergência imediatamente, apesar de, em algumas áreas rurais, seu celular poder ficar sem sinal. Caso isso aconteça, talvez você tenha de procurar o posto de serviço mais próximo.

Você conhece o Manual do Montanhista?

Caso caminhe por áreas rurais e cruze alguma propriedade particular, você deve seguir o Manual do Montanhista. Esse pequeno esforço ajudará a garantir que o espaço continue aberto e disponível por muitos anos, para todos os que desejem usufruir dele.

• Mantenha os portões e a propriedade assim como os encontrou.
• Proteja as plantas e animais e leve seu lixo embora.
• Cuidado com cães de guarda
• Pense no próximo.

Marcha Atlética

Caso você goste de competir e deseje ter uma meta expressiva, talvez a marcha atlética seja a atividade perfeita para você.

A marcha atlética abrange desde atletas de ponta até participantes de caminhadas beneficentes – que buscam dar o melhor de si durante as corridas e caminhadas de rua.

Apesar de ser prazeroso participar de uma prova, é necessário planejar-se bem, além de valer a pena seguir um programa de treinamento adequado antes de começar a competir (ver capítulo 7 – treino de longa distância).

A marcha atlética está se tornando um esporte cada vez mais praticado, por ser uma atividade que não sobrecarrega tanto as articulações quanto uma corrida de alto impacto, sendo, ao mesmo tempo, tão desafiadora e técnica quanto correr uma maratona.

As principais diferenças entre a marcha atlética e a corrida são:

- Um dos pés deve estar em contato com o solo;
- A perna de apoio deve estar estendida desde o momento em que o calcanhar toca o solo até a fase de transição, quando esta se encontra bem abaixo do corpo.

Caso essas duas regras básicas não sejam respeitadas, o juiz pode advertir ou eliminar o atleta.

Se tiver interesse em praticar marcha atlética, entre em contato com um grupo de praticantes e informe-se sobre as competições das quais poderia participar. Comece com corridas e caminhadas de rua de curta distância e melhore seu condicionamento aos poucos – quem sabe algum dia chegue à maratona.

Férias com Caminhada

Essa é uma excelente maneira de manter-se em forma, relaxar e, de quebra, conhecer lugares diferentes de um modo muito mais singular do que se tivesse comprado um pacote de viagem, ou estivesse passeando de carro.

Hoje há inúmeras opções: você pode passear por quase todos os países do mundo, por curtos ou longos períodos, sozinho ou em grupo, com ou sem guia, etc. Pode escolher entre caminhar por um terreno suave ou algo mais ambicioso, como, por exemplo, ir para os Alpes ou o Himalaia. Qualquer que seja sua escolha, verifique antes de se aventurar qual o nível de condicionamento físico exigido em cada parte do trajeto, para que possa planejar um percurso para suas férias de acordo com seu preparo. Você pode optar por ter uma base fixa, ou por passar cada noite em um local diferente; por levar sua bagagem nas costas ou contratar alguém para carregá-la.

Pense em todos os detalhes com antecedência para evitar surpresas desagradáveis e, assim, descobrirá que essa é a forma mais agradável e estimulante de conhecer os lugares mais encantadores do mundo. Tenho praticamente certeza de que você voltará para casa sentindo-se, de fato, realizado.

Caminhadas Beneficentes

Se você aprecia ter um propósito para caminhar, mas não tem certeza se está preparado para a marcha atlética, por que não participar de caminhadas de rua beneficentes? São eventos que não têm caráter competitivo, cuja meta não é caminhar rápido, mas sim completar um trajeto de acordo com os objetivos que você estabelecer para si. Você pode caminhar durante todo o tempo no seu ritmo, inclusive acompanhado por seus parentes e amigos.

A verdadeira gratificação de participar desse tipo de caminhada é poder, além de se manter em forma, ajudar uma entidade beneficente que mereça sua contribuição, pois, via de regra, é necessário pagar uma taxa de inscrição para participar desse tipo de evento, cujo valor é revertido em prol da instituição.

Caso haja alguma entidade em particular que queira ajudar, por que não entrar em contato e propor que organizem um evento desse tipo?

Caminhada em Esteira

As esteiras infelizmente não permitem usufruir o prazer de estar ao ar livre, mas quando o clima não está nada bom, são excelente opção.

As esteiras são, de fato, um equipamento muito útil, pois grande parte delas possui programas predefinidos para treinamento cardiovascular e para queima de gordura, simulando os mais variados tipos de terreno. Muitas chegam a calcular sua frequência cardíaca, velocidade, ritmo e número de calorias gastas. Dessa forma, você pode monitorar a intensidade de seu treino simplesmente olhando para o painel à sua frente.

As esteiras possuem um sistema especial de amortecimento de impacto que, além de tornar o treino mais suave e fácil, diminui a sobrecarga sobre as articulações.

No entanto, isso também significa que, ao ajustar a esteira no modo plano, o esforço será menor do que o exigido quando caminhar ao ar livre. Portanto, é aconselhável manter a esteira um pouco inclinada, de modo a assegurar que esteja treinando com a mesma intensidade de quando está ao ar livre.

Uma boa estratégia ao treinar na esteira é começar a caminhar devagar e aumentar a velocidade de forma gradual. Solte os apoios laterais apenas quando se sentir seguro e não se esqueça de trabalhar os braços (muitos dos equipamentos de academia são colocados em frente a um espelho, portanto, aproveite a oportunidade para verificar sua postura e técnica). Ao terminar o treino, diminua a velocidade aos poucos e espere alguns minutos até seu corpo se adaptar a uma superfície fixa – caso saia da esteira rápido demais, talvez sinta as pernas um tanto bambas!

Capítulo 5

Antes e Depois do Treino

Aquecer o corpo e saber diminuir o ritmo dos batimentos cardíacos de modo gradual ao final do treino é fundamental em qualquer programa de atividade física. Mesmo assim, não me canso de ver pessoas nas academias deixando de lado as partes mais importantes de seu treino, o que me deixa horrorizada ao imaginar se sabem do risco que estão correndo.

O aquecimento prepara o corpo para a atividade que você fará a seguir. Assim que começa a realizar exercícios suaves, várias mudanças ocorrem em seu corpo: o ritmo respiratório aumenta, o sangue começa a circular com mais rapidez e a temperatura do corpo se eleva. Como consequência, há liberação de hormônios que dilatam os vasos sanguíneos, que, por sua vez, passam a levar mais sangue para os músculos trabalhados. Além disso, com o aumento do número de batimentos cardíacos, mais sangue rico em oxigênio é bombeado para os órgãos. Dessa forma, o corpo está sendo preparado para exercer um esforço maior do que o habitual. Podemos comparar o corpo a um carro que não funciona muito bem quando ainda está com o motor "frio", tanto que nem em sonhos você tentaria dirigi-lo a uma velocidade de 160 quilômetros por hora antes de o motor estar "aquecido". Na realidade, caso tentasse fazê-lo, provavelmente estaria colocando em risco o próprio motor!

O aquecimento é uma forma de cuidar do corpo, pois reduz de modo considerável as chances de lesões. Ao realizarmos movimentos suaves, há liberação de líquido sinovial, responsável por manter as articulações "lubrificadas" e tornar os músculos mais maleáveis e flexíveis. Imagine uma massa adesiva, como Blu-Tack, que, ao ser usada fria, tem uma probabilidade de trincar muito maior do que quando aquecida, por ter se tornado, então, mais flexível: é assim que nosso corpo funciona.

Aproveite o aquecimento para se concentrar. Todos nós tentamos encaixar nossa atividade física em uma agenda cheia. Portanto, é importante reservar alguns minutos para focar-se no treino e em seus objetivos. Não precisa ter pressa. Dessa forma, você estará em condições de apreciar esse momento e atingir as metas que estabeleceu.

Como realizar o aquecimento?

O primeiro objetivo do aquecimento deve ser o aumento gradativo da temperatura corporal, o que possibilita que músculos e tendões se preparem para o que será exigido deles durante o treino que virá a seguir. Há diferentes formas de aquecer o corpo. Caso esteja em uma academia, faça algum exercício cardiovascular usando a bicicleta ergométrica, a esteira, o simulador de escada ou o remo seco. No entanto, como em casa, de modo geral, não contamos com essas opções, a melhor forma de se aquecer é caminhar em ritmo suave, muito diferente do que pretende atingir durante o pico de seu treino.

A seguir, faça alguns alongamentos para aumentar a amplitude de movimento de suas articulações e evitar lesões. É importante que estes sejam realizados após movimentar-se, pois os músculos só atingem seu potencial máximo quando todos os vasos sanguíneos estão dilatados, e o aumento do fluxo de sangue for suficiente para tornar os músculos mais flexíveis. Em repouso, os músculos usam apenas entre 15% e 20% do fluxo sanguíneo. No entanto, esse número aumenta para 70% ou mais, após dez minutos de atividade física.

Após ter se alongado, você deve elevar a frequência cardíaca aos poucos até alcançar o limiar que deseja manter durante a maior parte de seu treino. A partir da próxima página, apresento uma série de exercícios de aquecimento que o preparará, especificamente, para o programa *Perca Peso Caminhando*.

Como reduzir o ritmo ao final do treino?

Saber como diminuir o ritmo dos batimentos cardíacos de modo gradual ao final do treino é o oposto do aquecimento, e tão importante quanto. Diminuir o ritmo de sua caminhada para um ritmo muito mais suave do que o utilizado durante o treino tem como objetivo reduzir, aos poucos, o número de batimentos cardíacos por minuto, o ritmo respiratório e a temperatura corporal a níveis normais, para que você se recupere do esforço exigido pela atividade física, de modo seguro e eficaz.

É fundamental que você não interrompa uma atividade cardiovascular de modo abrupto. Quando nos exercitamos, o sangue é bombeado pelo corpo mais rapidamente, tendo como propulsores os músculos dos membros inferiores, em especial os da panturrilha, que se contraem a cada passo e ajudam a impulsionar o sangue para a parte superior do corpo, e para o corpo de modo geral. Caso você pare de caminhar abruptamente, os músculos param de trabalhar e o sangue se acumula nas pernas. Como resultado, o fluxo sanguíneo para o cérebro será insuficiente, o que poderá levá-lo a sentir tontura e vertigem e propiciar o aparecimento de varizes.

Após a diminuição da frequência cardíaca, é hora de alongar todos os grandes grupos musculares, mantendo cada uma das posturas a seguir por mais tempo do que durante o aquecimento para aumentar sua flexibilidade. Caso adquira o hábito de alongar-se, irá se surpreender com os resultados: seu corpo se tornará muito mais ágil, o que será um grande benefício no futuro. Além disso, busque relaxar durante os exercícios de alongamento, pois assim eles se tornarão um momento de prazer, em vez de uma tarefa a ser executada, e uma boa oportunidade para refletir sobre seu treino e os objetivos atingidos.

Aquecimento

Mantenha o corpo agasalhado enquanto sua temperatura corporal ainda estiver baixa. Quando o corpo estiver aquecido você pode tirar os agasalhos, mas vista-os de novo, caso sinta frio durante o treino. Faça os exercícios a seguir na ordem em que são apresentados e mantenha o corpo aquecido durante o intervalo entre os alongamentos estáticos.

1. CAMINHADA SUAVE

Qual é o objetivo?
Elevação gradual da frequência cardíaca, do ritmo respiratório e da temperatura corporal, preparando o corpo para enfrentar o treino vigoroso que virá a seguir.

Como executar
Caminhe em ritmo regular, mas suave, por entre cinco e dez minutos, elevando, aos poucos, a temperatura corporal até se sentir aquecido.

Dicas imbatíveis
- Não caminhe a uma velocidade que o leve a sentir-se sem fôlego.
- Caso esteja muito frio, talvez tenha de caminhar por mais tempo até se sentir aquecido.
- Nessa etapa, não exija de seu corpo o que ele ainda não está preparado para fazer.

2. ALONGAMENTO DO PESCOÇO

Qual é o objetivo?

Alongar, relaxar e aquecer o pescoço, preparando a musculatura da região para o esforço que virá a seguir. Os músculos do pescoço são, particularmente, propensos a sofrer estiramentos e contraturas quando frios, e este exercício é fantástico para deixá-los bem aquecidos antes de iniciar o treino.

Como executar?

a. Em pé, pés alinhados com o quadril e joelhos relaxados, eleve o braço esquerdo. Coloque-o ao redor da cabeça e leve a mão esquerda sobre a orelha direita, ou até o ponto que sua flexibilidade permitir.

b. Com leve pressão da mão esquerda, incline a cabeça para o lado esquerdo, buscando aproximar a orelha do ombro, sem exagerar no movimento. Mantenha a posição por dez segundos. Lentamente, leve a cabeça de volta à posição inicial.

Quantas repetições?

Faça o alongamento uma vez para cada lado.

Dicas imbatíveis

- Mantenha o nariz e os olhos direcionados para a frente durante todo o exercício.

2a

2b

- Não force o movimento. Use apenas o peso da mão, exercendo pressão suave enquanto inclina a cabeça e alonga o pescoço.
- Não tenha pressa ao realizar o exercício para não estirar um músculo.

3. ROTAÇÃO DOS OMBROS

Qual é o objetivo?

Aquecer a musculatura dos ombros e da parte posterior das costas para executar o balanço dos braços, exigido durante a *power caminhada*.

Como executar?

Em pé, com os pés alinhados com o quadril e os joelhos relaxados, mantenha os braços soltos ao longo do corpo. Em seguida, erga os cotovelos à altura dos ombros, formando um ângulo de 90 graus e rode os ombros para trás, aumentando, cada vez mais, a amplitude do movimento.

Quantas repetições?

Rode os ombros para trás entre 15 e 20 vezes e, em seguida, repita o movimento para a frente.

Dicas imbatíveis

- Execute o exercício de modo controlado.
- Busque manter os ombros relaxados durante o exercício.

4. ALONGAMENTO DO TRÍCEPS

Qual é o objetivo?

Alongar o tríceps (músculo localizado na parte posterior do braço), o qual é muito exigido durante a *power caminhada*.

Como executar?

a. Em pé, com os pés alinhados com o quadril e os joelhos relaxados, mantenha os braços soltos ao longo do corpo. Em seguida, estenda o braço direito acima da cabeça, próximo à orelha.

b. Dobre o cotovelo e abaixe o antebraço, tocando as costas com a mão direita, deslizando-a pelas costas o mais baixo que puder, sem forçar o movimento. A seguir erga o braço esquerdo, dobre-o sobre a cabeça e use a mão esquerda para puxar, de modo suave, o cotovelo direito para a esquerda. Mantenha a posição por dez segundos.

Quantas repetições?

Faça o exercício uma vez para cada lado.

Dicas imbatíveis

- Ao mesmo tempo em que usa a mão esquerda para levar o cotovelo em direção à orelha, empurre-o para trás, a fim de aumentar a amplitude do movimento.
- Ative o *centro de força* para não arquear a lombar ao deslizar a mão pelas costas.
- Pressione o cotovelo de modo suave – você deve sentir que os músculos se alongam, mas sem forçar o movimento.

4a

4b

5. ALONGAMENTO DAS COSTAS E DA MUSCULATURA POSTERIOR DA COXA

Qual é o objetivo?
Alongar e aquecer a coluna e os músculos da parte posterior da coxa, preparando-os para o treino de *power caminhada*.

Como executar?
a. Em pé, com os pés alinhados com o quadril e os joelhos relaxados, mantenha os braços ao longo do corpo e o olhar à frente. Devagar, iniciando o movimento pela cabeça, incline a coluna para a frente. Os braços devem permanecer relaxados em direção ao solo.
b. Abaixe o corpo respeitando seus limites e, se possível, toque o solo com as mãos. Mantenha a posição por dez segundos e, então, lentamente, desenrole a coluna, voltando à posição inicial. A cabeça deve ser a última a chegar.

Quantas repetições?
Repita o movimento entre três e quatro vezes.

Dicas imbatíveis
- Não "trave" o joelho durante o exercício. Se possível, mantenha-os esticados, mas não hiperestendidos, para aumentar a amplitude do alongamento dos posteriores da coxa.
- Procure trabalhar uma vértebra de cada vez, enquanto se abaixa, e tente levá-las de volta ao lugar uma após a outra, enquanto se levanta.
- Execute o movimento de modo controlado, do princípio ao fim.

6. ALONGAMENTO DOS MÚSCULOS FLEXORES DO QUADRIL

Qual é o objetivo?
Preparar os flexores do quadril para executar o movimento pendular das pernas durante o treino de *power caminhada*.

Como executar?
Em pé, com os pés unidos, um ao lado do outro, e os braços relaxados ao longo do corpo, dê um passo para trás com a perna esquerda estendida, ao mesmo tempo em que flexiona o joelho direito em linha com o tornozelo direito. Coloque ambas as mãos sobre a coxa direita para dar mais estabilidade ao movimento.

Mantenha a posição. Em seguida, leve o quadril um pouco à frente, transportando o peso do corpo, até sentir que os flexores do quadril da perna anterior/direita se alongam um pouco mais. Mantenha a posição por dez segundos e, então, lentamente, traga o pé esquerdo de volta à posição inicial.

Quantas repetições?
Realize o alongamento uma vez com cada uma das pernas.

Dicas imbatíveis
- Quando levar o quadril à frente, mantenha o joelho anterior exatamente em linha com o tornozelo, de modo que a tíbia fique na vertical e não em ângulo, para evitar sobrecarga sobre o joelho.
- Para sentir o alongamento dos flexores do quadril, mantenha o tronco reto.

7. BALANÇO DAS PERNAS

Qual é o objetivo?
Este é um excelente exercício que solta o quadril e movimenta as pernas, deixando-os prontos para o treino.

Como executar?
a. Em pé, apoie, de leve, a mão direita sobre uma árvore ou poste de luz. Tire, então, a perna esquerda do solo e leve-a para frente com os joelhos levemente dobrados.
b. Balance, então, a perna esquerda para frente e para trás, com suavidade, mantendo-a relaxada e solta, sem perder o controle do movimento.

Quantas repetições?
Execute o balanço dez vezes para um lado e depois repita o movimento para o outro.

Dicas imbatíveis
- Não eleve demais a perna. Busque mantê-la a uma altura confortável.
- Mantenha o joelho relaxado durante todo o movimento.
- Enquanto movimenta as pernas, busque manter o corpo alinhado e em equilíbrio.
- Busque manter-se em equilíbrio usando seu ponto de apoio o menos possível.

8. ALONGAMENTO DA PANTURRILHA

Qual é o objetivo?

Alongar os músculos posteriores da parte inferior da perna, que são muito exigidos para impulsionar o corpo para a frente, durante a caminhada.

Como executar?

Em pé, com os pés paralelos e as mãos apoiadas sobre o quadril, dê um grande passo para trás com a perna direita, pressionando o calcanhar contra o chão, e, ao mesmo tempo, flexionando o joelho da perna esquerda. Mantenha o peso do corpo sobre a perna esquerda e apoie, de leve, as mãos sobre a coxa. Você deverá sentir a musculatura abaixo do joelho da perna de trás se alongando. Mantenha a posição por dez segundos.

Quantas repetições?

Faça o movimento uma vez com cada uma das pernas.

Dicas imbatíveis

- Os pés devem ficar apontados para a frente durante todo o movimento/exercício.
- O joelho da frente deve permanecer dobrado, exatamente em linha com o tornozelo.
- O calcanhar da perna de trás deve ficar fixo no solo, durante todo o exercício.

9. ROTAÇÃO DO TORNOZELO

Qual é o objetivo?

Soltar e aquecer os tornozelos, deixando-os flexíveis e prontos para o treino.

Como executar?

Primeiramente, encontre um ponto de apoio e coloque a mão direita. Mantenha o peso do corpo sobre o pé direito e eleve a perna esquerda a alguns centímetros do chão, e rode o tornozelo, fazendo círculos com o pé.

Quantas repetições?

Rode o tornozelo cinco vezes para fora e, em seguida, cinco vezes para dentro. Repita o movimento com o outro pé.

Dicas imbatíveis

- Rode o pé devagar, realizando o exercício na amplitude máxima do movimento.
- Evite hiperestender o joelho da perna de apoio.

Pós-Treino

Durante o período de pós-treino, diminua o ritmo aos poucos. Agasalhe-se para não sentir frio em virtude da diminuição da temperatura corporal, pois os músculos devem estar aquecidos quando realizar os alongamentos pós-treino. Sugiro que, caso tenha feito sua caminhada pelo bairro, termine o treino em casa e faça lá a sequência de alongamentos sugeridos a seguir. Se tiver ido de carro até o local de treino, lembre-se de levar uma toalha ou colchonete para os alongamentos. No entanto, se estiver muito frio, faça os alongamentos em casa e não se esqueça de ligar o aquecedor do carro!

1. CAMINHADA SUAVE

Qual é o objetivo?

Diminuir a frequência cardíaca e o ritmo respiratório aos poucos, até que voltem ao patamar normal antes que você pare de caminhar.

Como executar?

Diminua o ritmo de suas passadas lentamente e continue a caminhar por cerca de cinco minutos, até sentir que a respiração e os batimentos cardíacos voltaram ao normal.

Dicas imbatíveis

- Concentre-se na respiração, inspirando e expirando de modo profundo e regular, até que o ritmo respiratório volte ao normal.
- Não se esqueça de manter a técnica e a postura apesar de estar caminhando mais devagar.

2. ALONGAMENTO DOS OMBROS

Qual é o objetivo?

Quando balançamos os braços de modo vigoroso, sobrecarregamos os músculos dos ombros. Esse simples alongamento evitará que fiquem muito doloridos no dia seguinte ao treino.

Como executar?

Em pé, com os pés alinhados com o quadril e os joelhos relaxados, leve o braço esquerdo para a direita cruzando-o sobre o peito e coloque a mão direita sobre o cotovelo.

Com leve pressão da mão direita, aproxime, lentamente, o braço esquerdo do peito. Mantenha a posição por entre 15 e 30 segundos.

Quantas repetições?

Faça o exercício uma vez para cada lado.

Dicas imbatíveis

- Durante o movimento, mantenha o braço na altura dos ombros.
- Faça o movimento com calma, respeitando o limite de seu corpo.
- Respire fundo e relaxe ao executar o movimento e notará que seus músculos ficam mais relaxados.

3. ALONGAMENTO DO PEITORAL

Qual é o objetivo?

Os músculos peitorais também são solicitados durante o balanço vigoroso dos braços.

Além disso, alongar a musculatura peitoral também é excelente exercício para a postura.

Como executar?

a. Em pé, pés alinhados com o quadril e joelhos relaxados, entrelace os dedos das mãos, alongando os braços para trás, na altura da coluna lombar.

Lentamente, eleve os braços com as mãos unidas, sem forçar o movimento.

b. Caso se sinta tenso nessa postura, tente executá-la sem juntar as mãos. Mantenha a posição por entre 15 e 30 segundos e então relaxe.

Quantas repetições?

Realize o movimento apenas uma vez.

Dicas imbatíveis

- Não curve o corpo para a frente enquanto eleva os braços.
- Você deve sentir que os músculos peitorais e os da parte anterior dos ombros se alongam.

4. ALONGAMENTO DO QUADRÍCEPS

Qual é o objetivo?

Os grandes músculos da parte anterior da coxa são muito exigidos quando caminhamos. Você, com frequência, sentirá dor nessa região no dia seguinte ao treino, mas alongar a musculatura evitará que ela fique sensível demais.

Como executar

Primeiramente fique em pé, pés unidos ao lado de um ponto de apoio, segurando-o de leve com a mão direita, apenas para manter o equilíbrio. Mantenha o peso do corpo sobre a perna direita. Em seguida, erga o pé esquerdo atrás de si, segurando-o com a mão esquerda e trazendo-o de encontro ao corpo.

Mantenha os joelhos unidos e o quadril encaixado, contraindo os glúteos para que o alongamento seja mais eficaz. Mantenha a posição por entre 15 e 30 segundos.

Quantas repetições?

Faça o alongamento uma vez com cada perna.

Dicas imbatíveis

- Não trave o joelho da perna de base. Mantenha-o um pouco relaxado.
- Fixe o olhar em um ponto à frente para ajudá-lo a manter o equilíbrio.

Mantenha o pé direito apoiado no solo, ao lado da coxa da perna esquerda, ou onde se sinta confortável. "Abrace" o joelho direito com o braço esquerdo e apoie a mão direita ao lado da coxa direita.

b. Use o braço esquerdo como alavanca e torça a coluna para a direita, ampliando o movimento tanto quanto possível, e olhando para trás. Mantenha a posição por 15 segundos.

Quantas repetições?
Faça o exercício uma vez para cada lado.

Dicas imbatíveis
- Sente-se com as costas retas antes de começar o exercício. Enquanto executa o movimento de torção, imagine que seu corpo se alonga cada vez mais para cima. Ao terminar o exercício, você deve ter a sensação de que cresceu pelo menos alguns centímetros.
- Caso tenha algum problema nas costas, tenha muito cuidado ao executar esse alongamento. Realize-o de modo suave, sem exagerar na amplitude do movimento e, caso sinta algum desconforto, interrompa o exercício imediatamente.

5. TORÇÃO DA COLUNA

Qual é o objetivo?
Alongar e relaxar a coluna. Este alongamento contribui para a flexibilidade da coluna de modo geral.

Como executar?
a. Sente-se em um colchonete com as pernas estendidas à sua frente. Cruze a perna direita sobre a esquerda, com o joelho dobrado.

6. POSTURA DO SAPO

Qual é o objetivo?

Este alongamento é excelente para aumentar a flexibilidade dos músculos internos da coxa e do quadril.

Como executar?

a. Sente-se com as costas retas e os joelhos dobrados, apontando para os lados, formando um "V", e a sola dos pés juntas à sua frente.

b. Coloque as mãos sobre os tornozelos e relaxe os cotovelos sobre as coxas, um pouco acima dos joelhos. Com calma, pressione as pernas para baixo com os cotovelos, de forma que os joelhos se aproximem do solo. Mantenha a posição por entre 15 e 30 segundos e, em seguida, relaxe.

Quantas repetições?

Realize o exercício apenas uma vez.

Dicas imbatíveis

- Apoie as mãos nos tornozelos, e não nos pés, para evitar estiramentos musculares nos pés.
- A coluna deve permanecer reta e alongada durante todo o exercício.
- Mantenha as solas dos pés juntas desde o calcanhar até os dedos, durante todo o exercício.

7. ALONGAMENTO DAS COSTAS

Qual é o objetivo?

Este alongamento, além de ser excelente para a coluna lombar, abre a musculatura e propicia incrível sensação de bem-estar.

Como executar?

a. Deite-se de bruços com os antebraços apoiados no solo e o queixo sobre as mãos. Mantenha os braços ao lado do corpo e o nariz em direção ao chão.

b. Empurre as mãos contra o chão e, lentamente, eleve o peito e os ombros do solo, alongando a coluna. O movimento não deve gerar nenhum desconforto, portanto, respeite seus limites. Mantenha a postura por entre 15 e 30 segundos. Em seguida, retorne à posição inicial de modo gradual e controlado.

Quantas repetições?

Execute o movimento apenas uma vez.

Dicas imbatíveis

- Caso tenha algum problema na coluna, não faça esse exercício.
- Fixe o olhar em direção ao solo para que sua cabeça fique alinhada com a coluna.
- Mantenha o *centro de força* ativado ao longo do exercício para evitar hiperestender a coluna.

8. ALONGAMENTO DOS GLÚTEOS E DO QUADRIL

Qual é o objetivo?

Alongamento dos glúteos e do quadril. Ideal para relaxar após uma caminhada vigorosa.

Como executar?

a. Deite-se de costas, os joelhos dobrados e pés bem apoiados no solo. Coloque o tornozelo direito sobre a coxa esquerda em ângulo aberto.

b. Abrace a perna esquerda e entrelace os dedos, puxando-a suavemente de encontro ao corpo, tirando o pé do solo. Alongue a perna sem forçar o movimento e mantenha a posição por entre 15 e 30 segundos.

Quantas repetições?

Execute o movimento apenas uma vez com cada perna.

Dicas imbatíveis

- Mantenha o cóccix em contato com o solo durante todo o exercício.
- Caso sinta qualquer desconforto no joelho, diminua o ângulo formado ao cruzar as pernas.
- Busque não tensionar a parte superior do corpo ao puxar a perna em direção ao tronco.

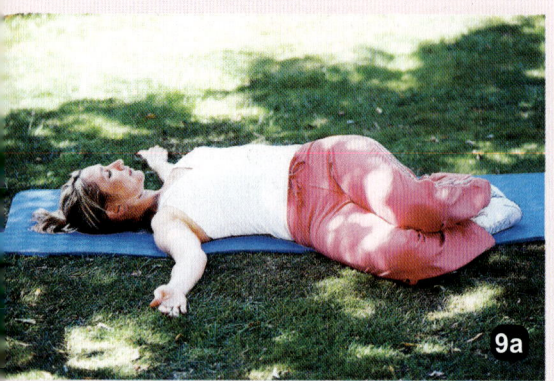

sinta confortável, sempre respeitando seus limites. Os ombros devem ficar em contato com o solo. Mantenha a posição por entre 15 e 30 segundos. Em seguida, sem pressa, traga os joelhos de volta ao centro do corpo.

Quantas repetições?

Execute o movimento apenas uma vez para cada lado.

Dicas imbatíveis

- Faça toda a sequência de forma lenta e controlada.
- Mantenha a musculatura abdominal contraída e o *centro de força* ativado durante todo o exercício, para não sobrecarregar a lombar.
- Não movimente os ombros nem o peito, enquanto leva as pernas de um lado para outro.

9. ALONGAMENTO DA LATERAL DO TRONCO

Qual é o objetivo?

Este é um alongamento muito relaxante. Busque aliviar toda a tensão acumulada sobre a coluna, o peito e o quadril.

Como executar?

a. Deite-se de costas, joelhos dobrados, pés bem apoiados no solo e braços alongados ao lado do corpo, em linha com os ombros.

b. Lentamente, deixe os joelhos caírem para a direita até onde se

10. RELAXAMENTO

Qual é o objetivo?

Relaxar o corpo após uma carga intensa de exercícios e aliviar toda a tensão acumulada.

Como executar?

Deite-se de costas, pernas um pouco separadas e braços relaxados ao longo do corpo, mas um pouco afastados dele. Feche os olhos e relaxe.

Respire fundo, mantendo um ritmo regular, inspirando pelo nariz e expirando pela boca. Use os músculos abdominais e concentre-se no movimento de sobe e desce de seu estômago a cada respiração.

Ao inspirar, imagine o ar viajando pelo seu corpo, chegando às regiões que estejam tensas, e que, ao expirar, toda essa tensão se dissipa. Busque focar-se apenas na respiração, mas caso algum pensamento apareça em sua mente, mande-o embora em uma nuvem fofa (tem alguma outra sugestão?) e branca.

Faça esse relaxamento pelo maior tempo possível e, quando se sentir pronto para voltar, abra os olhos devagar e sente-se, sem pressa.

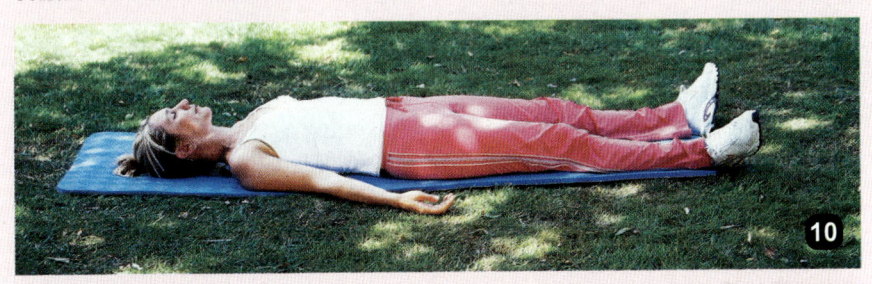

Alongando-se na medida certa

- Sempre execute os alongamentos de acordo com as instruções técnicas.
- Realize os movimentos sem pressa, permitindo que seus músculos relaxem e se acomodem à posição.
- Não balance o corpo. Isso só aumentará o risco de lesões e de dor. O alongamento deve ser executado de modo gradual e tranquilo.
- Alongue-se de acordo com os limites de seu corpo. Nunca tente copiar os outros.
- O alongamento deve propiciar uma sensação agradável. Você deve alongar seus músculos até o ponto em que sinta que eles estão sendo trabalhados e, em seguida, relaxe-os. Se sentir dor, interrompa o exercício, caso contrário poderá se machucar.
- Tenha certeza de que os músculos estão aquecidos antes de alongá-los.
- Não prenda a respiração enquanto estiver se alongando.
- Concentre a atenção no grupo muscular que pretende alongar.

Capítulo 6

Como Medir a Intensidade de seu Treino

Para obter melhores resultados em termos de perda de peso e condicionamento físico com seu programa de caminhada, é primordial que você consiga monitorar seu progresso e a intensidade do treino. No início, o objetivo principal é transformar seu passeio diário em uma atividade cardiovascular por meio da *power caminhada* e, após tê-lo atingido, é importante estabelecer novas metas a alcançar.

Para melhorar seu condicionamento físico e ter certeza de que está perdendo peso, é necessário compreender o princípio da "sobrecarga", que consiste em estabelecer para si um desafio a ser superado, o que o levará a exigir um pouco mais de seu corpo a cada treino. Somente um treino mais intenso do que o anterior, que exija que você supere seus limites, oferece a seu corpo um desafio a ser superado. Dessa forma, o corpo atinge um patamar acima do que lhe era exigido. Este capítulo, portanto, abrange formas de aumentar a intensidade de seu treino conforme se sentir mais confiante.

Entretanto, para buscar novos desafios, é de extrema importância que você possa avaliar a intensidade de seu treino com precisão, o que se pode fazer de várias maneiras, algumas mais técnicas do que outras. Todas, no entanto, são eficientes, portanto você deve testar cada uma delas e escolher a que melhor se adapta a você. Caso a intensidade de sua caminhada seja muito baixa, pouco proveito terá de seu treino; por outro lado, caso exija demais de seu corpo, também não conseguirá usufruir todos os benefícios que a caminhada pode propiciar, pois logo se sentirá exausto. Ao aprender a monitorar seu treino, conseguirá estabelecer quais as metas a serem atingidas, sem se exaurir, e determinar qual o melhor programa para alcançá-las de modo consistente.

Como Medir a Frequência Cardíaca

A quantidade de energia que seu corpo necessita é proporcional à intensidade de seu treino, ou seja, quanto mais forte o treino, mais energia seu corpo irá necessitar – sendo esta produzida por meio do metabolismo da gordura acumulada no corpo. No entanto, a eficácia dessa reação metabólica depende da quantidade de oxigênio absorvida pelo organismo. Quando estamos em atividade, o coração precisa bombear sangue de modo mais eficiente e rápido para os músculos que estão em ação, portanto, a quantidade de oxigênio presente no sangue é maior. Por haver relação direta entre a capacidade do corpo em metabolizar a gordura e o aumento da frequência cardíaca (FC), podemos usá-la como parâmetro para medir a intensidade do treino.

Conseguir comparar a intensidade de um treino em relação ao seguinte é primordial para a perda de peso. Apresento a seguir duas formas de medir a frequência cardíaca – ambas têm praticamente a mesma precisão, a diferença é que por uma delas você terá de pagar, ao passo que a outra sairá de graça!

Usando um Frequencímetro

Você pode comprar um frequencímetro em boas lojas de artigos esportivos ou em uma revendedora de aparelhos para *fitness*.

No capítulo 8, descrevo em mais detalhes como deve ser usado. Por hora apenas gostaria de acrescentar que, embora seja um excelente investimento, sugiro que você não saia correndo para comprar um frequencímetro, caso seja iniciante. Dê-se esse presente quando tiver atingido uma de suas metas do programa de perda de peso e desejar aumentar um pouco seu nível de condicionamento.

Medindo sua Pulsação

Este é o bom e velho método manual usado para medir a frequência cardíaca. Você pode localizar o pulso no punho (pulso radial) e na lateral do pescoço (pulso carotídeo).

a. Pulso radial: Coloque os dedos indicador e médio sobre a parte interna do punho, abaixo da base do polegar. Pressione com suavidade até sentir os batimentos.

b. Pulso carotídeo: Coloque os dedos indicador e médio na lateral do pescoço, abaixo do maxilar, alinhados à orelha (na parte macia e oca). Não pressione com força para não alterar o resultado.

Seja no punho ou no pescoço, nunca use o polegar para medir sua pulsação, pois esse dedo também possui um ponto usado para tomar o pulso, o que pode deixá-lo confuso.

Ao sentir seu pulso, use um relógio com ponteiro de segundos ou um cronômetro, conte os batimentos por 20 segundos e multiplique por 3. O resultado lhe dará os batimentos por minuto.

Frequência Cardíaca Basal (Fcb)

Nada mais é do que a frequência cardíaca quando estamos em repouso. O melhor horário para medi-la é pela manhã, ao acordar, antes de sair da cama ou realizar algum esforço. Meça o pulso radial ou carotídeo. Para saber a quantidade de batimentos por minuto, use um relógio com ponteiro de segundos ou um cronômetro, conte os batimentos por 20 segundos e multiplique por 3. De modo geral, a FCB deve estar entre 60 e 80 bpm.

A frequência cardíaca basal normalmente aumenta com a idade e, no caso de fumantes, costuma ser mais alta. De modo geral, quanto melhor sua forma física, mais baixa sua FCB. Experimente medir sua pulsação agora e compará-la com o número de batimentos após três meses de programa de caminhada.

Zonas de Treinamento

O ritmo dos batimentos cardíacos, quando nos exercitamos, depende do preparo físico e da idade e, com base nesses dados, as zonas de treinamento são definidas. Elas oferecem uma diretriz para determinar qual a frequência cardíaca a ser mantida de acordo com a sua idade e a intensidade do treino (IT).

Na página seguinte, ensino como calcular a frequência cardíaca máxima (FCM) para sua idade. Um treino que eleve sua frequência cardíaca ao valor máximo é considerado de alta intensidade. Portanto, caso seja iniciante, busque manter seu bpm entre 50% e 65% desse valor e elevá-lo aos poucos até atingir a "zona de treinamento" adequada a seus objetivos.

Zona de treinamento para iniciantes/período de aquecimento = entre 50% e 65% da FCM

Esse é o nível mais tranquilo e deve ser a meta de iniciantes, ou daqueles que estejam se recuperando de uma lesão ou doença. Caminhantes experientes também buscam manter esse limiar durante a fase de aquecimento e póstreino. Além de evitar lesões, foi demonstrado que se manter nesse patamar diminui a pressão sanguínea e a taxa de colesterol.

Zona de treinamento para queima de gordura = entre 65% e 75% da FCM

Essa é a zona ideal caso seu objetivo seja a queima de gordura, pois grande parte da energia que seu corpo irá necessitar será produzida por meio do metabolismo da gordura acumulada no corpo. Exercitar-se mantendo a frequência cardíaca neste nível, além de propiciar todos os benefícios para a saúde descritos na zona de treinamento anterior, é excelente para aumentar sua resistência para enfrentar treinos mais longos.

Zona de treinamento aeróbico = entre 75% e 85% da FCM

Essa zona de treinamento fortalecerá seus pulmões, além de aumentar o tamanho de seu coração! Essa é a zona ideal de treinamento, caso esteja se preparando para uma caminhada que exija resistência. Para gerar energia, seu corpo usará, não só a gordura acumulada como glicogênio (carboidratos), como também queimará mais calorias do que nas zonas de treinamento anteriores.

Zona de treinamento anaeróbico = entre 85% e 100% da FCM

Busca-se atingir esse patamar, de modo geral, para melhorar o desempenho atlético, e, por ser baixa a queima de gordura nesta zona de treinamento, ela não é recomendada para quem deseja perder peso. Nesse nível, você usa glicogênio (carboidratos) para gerar energia, mas não muito oxigênio – portanto, esta zona de treinamento já não é mais definida como exercício aeróbico.

Essa zona de treinamento o preparará para corridas de velocidade e "arrancadas" durante caminhadas que exijam explosão muscular e muita energia.

Zona de treinamento para queima de gordura – tabela de referência Bpm: batimentos cardíacos por minuto

Idade (em anos)	Frequência Cardíaca (FC) ideal para queima de gordura	Idade (em anos)	Frequência Cardíaca (FC) ideal para queima de gordura
15 - 19	143 bpm	45 – 49	122 bpm
20 - 24	139 bpm	50 - 54	118 bpm
25 - 29	136 bpm	55 - 59	115 bpm
30 - 34	132 bpm	60 - 64	111 bpm
35 - 39	129 bpm	65 - 69	108 bpm
40 - 44	125 bpm	70 - 75	104 bpm

Como Calcular sua Zona Pessoal de Treinamento em Quatro Passos

1 – Qual a sua frequência cardíaca máxima (FCM)?

Esse cálculo é muito simples. A frequência cardíaca máxima (FCM) de um bebê do sexo masculino é 220 bpm, e de um do sexo feminino, 226 bpm. Para calcular sua FCM, basta subtrair sua idade desse valor.
O exemplo a seguir mostra como calcular a FCM de um rapaz de 30 anos:

220 (FCM de um bebê do sexo masculino)
- 30 (idade do rapaz)
= 190 bpm

2– Calculando a zona de treinamento para iniciantes/aquecimento

Nesse limiar, o objetivo é atingir entre 50% e 65% da FCM durante o treino. Portanto, de acordo com o exemplo anterior, temos de calcular qual o valor equivalente a 50% e 65% de 190 (FCM de um homem de 30 anos):

50% de 190 = 95
65% de 190 = 124

Dessa forma, caso um homem de 30 anos queira manter os batimentos cardíacos dentro da zona de treinamento para iniciantes/do período de aquecimento, deve ter como objetivo manter o bpm entre 95 e 124.

3– Calculando a sua zona de treinamento para queima de gordura

Caso sua meta seja a queima de gordura, busque exercitar-se mantendo seus batimentos entre 65% e 75% de sua FCM. Desta vez vou usar uma mulher de 45 anos como exemplo:
Primeiramente, vamos calcular a FCM:

226 (FCM de um bebê do sexo feminino)
- 45 (idade da mulher)
= 181 bpm
65% de 181 = 118
75% de 181 = 136

Portanto, caso uma mulher de 45 anos queira manter os batimentos cardíacos dentro da zona de treinamento para queima de gordura, deve manter o número de bpm entre 118 e 136.

4. Calculando a zona de treinamento aeróbico

Caso seja este seu objetivo, você deve exercitar-se mantendo seus batimentos cardíacos entre 75% e 85% de sua FCM. Dessa vez experimente fazer o cálculo de acordo com sua idade.

FCM de um bebê
- sua idade
= _____ (sua FCM)
75% de sua FCM =
85% de sua FCM =

Para caminhar dentro de sua zona de treinamento aeróbico, busque manter sua frequência cardíaca entre _____ e _____ batimentos por minuto. Agora, experimente calcular as outras zonas de treinamento conforme sua idade.

Outras Formas de Medir a Intensidade do Treino

Apesar de a frequência cardíaca ser a melhor medida da intensidade de seu treino, há outros métodos à disposição, que são muito úteis para aqueles cujo coração reage de modo diferente do habitual durante a prática de exercícios físicos como, por exemplo: mulheres grávidas, pessoas que fazem uso de medicamentos, tais como beta-bloqueadores, ou pacientes cardíacos ou diabéticos. No entanto, por serem subjetivos, aconselha-se, se possível, usar esses métodos aliados à medição da frequência cardíaca.

Teste da fala

Esta é uma forma prática e simples de medir a intensidade de seu treino, baseada em sua capacidade de conversar enquanto se exercita, e excelente para determinar sua zona de conforto. Quando nos exercitamos em ritmo leve ou moderado, conseguimos conversar sem muito esforço ou dificuldade. O exercício é considerado vigoroso quando não temos fôlego suficiente para alguns minutos de conversa.

Caso seu objetivo seja exercitar-se dentro de sua zona de treinamento para queima de gordura, você deve manter uma intensidade que lhe permita respirar de modo ritmado e sem esforço durante todo o treino – o que significa que consegue conversar com seu companheiro de caminhada, apenas falando um pouco mais devagar do que o normal, sem frases entrecortadas.

Percepção Subjetiva de Esforço (Pse) – Escala de Borg

Este método simples e rápido requer que você avalie, durante o treino, em uma escala de 1 a 10 (ver tabela seguinte), sua percepção de esforço, tanto mental quanto físico. Você deve considerar quão intenso o exercício está sendo para você, prestando atenção a vários itens: falta de fôlego, dores musculares, fadiga, em vez de focar-se em um único aspecto. Busque exercitar-se entre os níveis 4 (pouco forte) e 6 (forte).

Conseguir estimar a PSE é uma excelente forma de aprimorar sua percepção corporal. Como essa é uma escala subjetiva, vale a pena monitorar seu progresso e anotar o ritmo de caminhada que você relaciona a cada um dos níveis. Por ser um método muito simples, é adequado para iniciantes. No entanto, não se esqueça de que, ao iniciar o programa de caminhada, você não estará tão familiarizado com as reações de seu corpo ao exercício, e é provável que superestime seu esforço.

0	Esforço nulo
0,5	muito, muito leve
1	muito leve
2	leve
3	moderado
4	pouco forte
5	forte
6	forte
7	muito forte
8	muito forte
9	muito forte
10	muito, muito forte (esforço máximo)

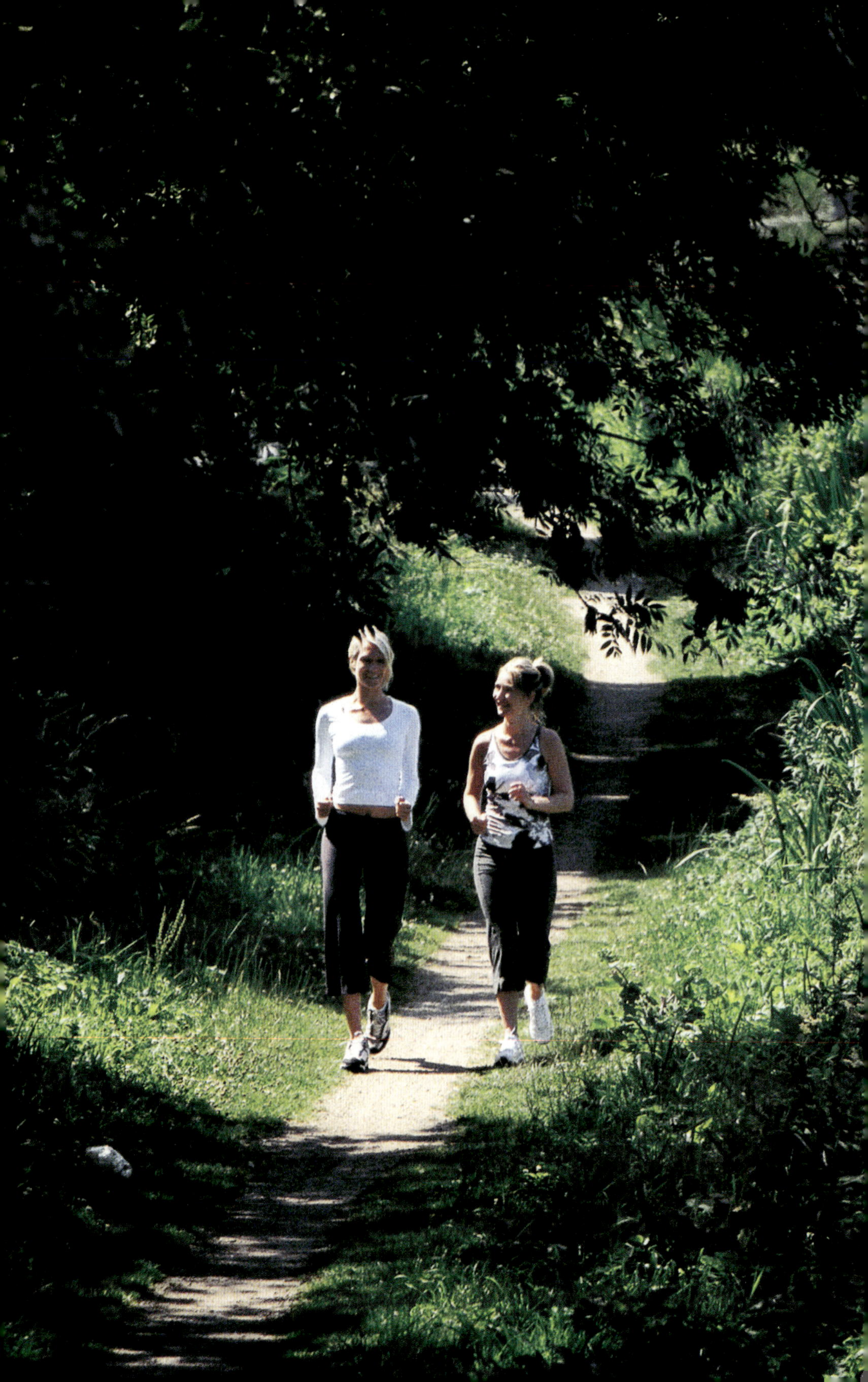

Diferentes Maneiras de Aumentar o Desafio de seu Treino

Agora que já aprendeu a medir a intensidade de seu treino, é importante saber, ao melhorar sua forma física, como incrementar o treino de modo a exigir um pouco mais de si a cada caminhada.

Independentemente do tipo de atividade física que decida praticar, você notará que, com a melhora do condicionamento físico, o exercício passa a exigir menos esforço e o organismo a se recuperar mais rápido.

É, então, chegada a hora de ir para outro patamar, o que pode ser feito de três diferentes maneiras, aumentando a duração, a frequência ou a intensidade de suas caminhadas.

Duração

Uma das formas mais fáceis de aprimorar seu programa de caminhada é aumentar a duração do treino. Em teoria, parece fácil, mas, de acordo com minha experiência, a queixa mais comum de meus clientes é não ter tempo. Você descobrirá que, ao aumentar aos poucos a duração do treino, irá modificar seu estilo de vida, tornando sua caminhada mais importante do que todas as outras atividades estressantes que você tem de encaixar em seu dia a dia!

No entanto, caso seja difícil para você reservar, com regularidade, um longo espaço de tempo para sua caminhada, busque incluir em sua rotina várias pequenas caminhadas, em vez de uma única que tome muito tempo. Para usufruir ao máximo os benefícios do exercício, ele tem de ser feito com regularidade, mas não há problema algum em executá-lo de modo fracionado. Por exemplo, leve as crianças para a escola a pé em vez de usar o carro, use a escada em vez do elevador, ou faça uma caminhada na hora do almoço.

Frequência

Caso tenha dificuldade de reservar um período mais longo para sua caminhada diária, outra solução é planejar uma caminhada adicional de 30 minutos por semana, em vez de buscar aumentar em 10 minutos seu tempo de treino diário. Essa é uma estratégia semelhante ao aumento da duração do treino, pois você terá de modificar seu estilo de vida para dedicar mais tempo à caminhada.

Intensidade

A última, mas não menos eficaz, forma de tornar seu treino desafiador é torná-lo mais intenso. A maneira mais fácil de conseguir isso é caminhar mais rápido, buscando, a cada treino, percorrer a mesma distância em um intervalo de tempo menor e, então, aumentar a distância percorrida para fazer uso do tempo que ganhou!

Ao caminhar mais rápido, cuidado com a técnica. Diminua um pouco o tamanho das passadas, de modo que suas pernas se movam com mais rapidez. Busque manter a fluidez do movimento e não deixe o corpo "balançar" para cima e para baixo. É preciso inclinar o corpo um pouco para a frente para manter o equilíbrio.

Outro modo de aumentar a intensidade de seu treino é caminhar em terreno inclinado, o que você poderá fazer durante todo o treino, ou apenas como parte dele. Você pode medir o quanto aumenta a intensidade de seu treino de acordo com a inclinação do terreno, no entanto, mesmo uma ladeira suave pode aumentar, em muito, sua frequência cardíaca (ver capítulo 4). Ao caminharmos em terreno inclinado, temos a tendência de diminuir o passo, portanto, procure manter o ritmo!

Mudar o tipo de superfície ou terreno por onde caminha pode acrescentar um grau de dificuldade maior a seu treino. Caminhar sobre a areia é particularmente difícil, pois ela absorve a pisada de tal modo que exige esforço maior para tirar o pé do chão e dar um passo à frente. Mesmo assim, caminhar na areia exerce muito pouca pressão sobre as articulações, o que evita lesões. O segredo é variar, pois cada terreno, como bosques e gramados, irá testar a resistência de seu corpo de modo diferente.

Você também pode aumentar a intensidade da caminhada usando os braços de modo mais vigoroso, ou caminhando com bastões (ver caminhada nórdica, capítulo 4).

Muitos me perguntam se deveriam caminhar segurando pesos livres. Apesar de essa ser uma forma de aumentar a intensidade do treino, é uma prática que não recomendo, pois ela apenas sobrecarrega as articulações dos braços, prejudicando a postura.

Consulte seu Médico

Antes de iniciar qualquer programa de atividade física, não deixe de conversar com seu médico, caso tenha alguma dúvida em relação a seu estado físico. Caso se enquadre em qualquer um dos itens abaixo, busque orientação para saber qual programa de exercícios é mais adequado para você.

- Problemas cardíacos
- Estado pós-cirúrgico
- Dores no peito
- Frequentes desmaios ou vertigens

- Uso de medicamentos
- Sob tratamento médico
- Gravidez
- Diabetes

Capítulo 7

Dando Início a seu Programa de Treino

Sei que você está ansioso para começar a caminhar e perder peso. No entanto, antes de começar seu programa, vale a pena parar por um instante e decidir qual o seu verdadeiro objetivo, pois, se ele estiver claro, será muito mais fácil motivar-se e manter-se motivado.

Para obter melhores resultados, você deve definir seu objetivo de acordo com suas necessidades específicas. Decida quantos quilos gostaria de perder e estabeleça um prazo para isso. O ideal é que esse prazo seja uma data significativa como, por exemplo, seu aniversário, um feriado ou outra data importante para comemorar seu sucesso. Outra dica é ampliar suas metas, de modo que perder peso não seja seu único objetivo. O programa *Perca Peso Caminhando* lhe trará outros inúmeros benefícios, como uma tez mais brilhante, um coração mais saudável, mais energia e uma atitude mais positiva perante a vida, o que realmente mudará seu dia a dia. Portanto, não deixe de incluir esses itens em suas metas e usufrua as mudanças que eles provocam conforme você melhora sua forma física.

Caso tenha um objetivo a ser cumprido em longo prazo, é importante dividi-lo em pequenos e graduais desafios. Por exemplo, perder 12 quilos talvez pareça uma meta inatingível, no entanto, pensar em perder meio quilo por semana, durante 24 semanas, de repente, parece ser uma meta mais fácil a ser atingida. Você terá uma razão para monitorar seu progresso de modo regular e, além disso, sentirá grande satisfação a cada passo tomado na direção certa. Após ter definido satisfatoriamente seus objetivos, será fácil selecionar uma das planilhas de treino das páginas seguintes para seguir. Apresento neste capítulo várias opções para você começar seu programa de caminhada, mas conforme sua consciência corporal aumentar, você pode personalizar e adaptar cada programa às suas necessidades específicas.

Definindo Objetivos

Pare por um instante e pense sobre o que é importante para você e anote na tabela abaixo. Lembre-se de estabelecer objetivos realistas, pois determinar metas inalcançáveis, com o tempo, não só o deixará desmotivado, como será contraproducente. De fato, não vale a pena exigir tanto de si a ponto de sentir-se estressado – quanto mais prazeroso for seu programa de caminhada, mais benefícios terá.

Mantendo-se Motivado

Não importa quão determinado você seja ou se torne, sempre haverá dias em que simplesmente não se sentirá disposto a caminhar. Pode ser que se sinta cansado ou com preguiça, que não tenha tempo, ou desanimado por não ter sentido progresso durante o treino semanal. O mais importante é não desistir, pois, ao interromper por completo seu programa de treinamento, será muito difícil retomá-lo.

Na realidade, metade das pessoas que aderem a um programa de atividade física o abandona após um período de três a seis meses de treinamento, e grande parcela delas continua pagando por uma academia mesmo que não a esteja frequentando! Mas não se preocupe, a falta de motivação, de modo geral, dura pouco. Portanto, logo se sentirá de novo com "pique". Mesmo assim, apresento a seguir algumas sugestões para mantê-lo mais motivado.

Faça da Caminhada Parte de sua Rotina

Isso é extremamente importante caso você não tenha um horário fixo de trabalho e, com frequência, tenha de marcar reuniões e compromissos depois do expediente normal. No início da semana, inclua os treinos de caminhada em sua agenda, de modo que estejam escritos e você não se esqueça deles. Dessa forma, você irá considerá-los como parte de sua lista de "coisas a fazer". Terá, então, menos vontade de trocar sua caminhada por um drinque em um barzinho e não marcará dois compromissos ao mesmo tempo.

Meus Objetivos					
Objetivos de curto prazo	Quando foi alcançado	Objetivos de médio prazo	Quando foi alcançado	Objetivos de longo prazo	Quando foi alcançado

Participe de uma Caminhada Beneficente

Dessa forma você terá de preparar-se para atingir uma meta, pois participar desse tipo de evento exige certo comprometimento. Há inúmeras caminhadas beneficentes, portanto não será difícil escolher a mais adequada à sua forma física. O objetivo desses eventos é, obviamente, levantar fundos para uma instituição, portanto, busque atrair o maior número de participantes possível, ou conseguir patrocínio. Dessa forma, além de ajudar a causa, não desapontará nenhum de seus amigos e familiares!

Encontre um Companheiro de Caminhada

Uma das formas mais eficazes de manter-se fiel a seu programa de caminhada é encontrar alguém que queira acompanhá-lo em seu treino. Pode ser difícil encontrar alguém que esteja no mesmo nível que você e tenha os mesmos objetivos, mas vale a pena procurar, pois isso o deixará muito mais motivado. Naqueles dias em que, após o trabalho, você preferiria ir ao cinema em vez de fazer sua caminhada, saber que há alguém esperando garantirá que você se mantenha fiel à sua programação.

Um bom companheiro o incentivará quando você estiver sem ânimo e transformará seu treino em um momento agradável. Você pode verificar a intensidade do exercício enquanto conversa, pois, caso esteja caminhando em ritmo entre moderado e intenso, deve ter condições de conversar, mesmo que, por vezes, sinta-se sem fôlego. Cuidado para não diminuir o ritmo ao falar e, caso não sinta nenhuma dificuldade ao fazê-lo, aumente o ritmo.

Varie o Trajeto

Não há nada mais entediante do que fazer o mesmo trajeto todas as vezes que saímos para caminhar. Escolha percursos diferentes a fim de mudar de paisagem e manter o estímulo e a motivação. A variedade também é boa para seu corpo, pois este acaba se acomodando ao percorrer sempre o mesmo trajeto, dia após dia. O treino, portanto, torna-se menos desafiador e, como consequência, menos eficaz.

Faça uma lista de seus trajetos favoritos e inclua uma breve caminhada em um deles nos dias em que tiver apenas uma pequena janela para dedicar-se à caminhada e, caso precise de incentivo, escolha um trajeto que seja particularmente bonito e estimulante.

Recompense seu Esforço

É importante dar-se um presente ao alcançar uma meta, não importa o que seja, contanto que seja uma recompensa. Ao estabelecer seus objetivos, determine o que se dará de presente ao atingir cada um deles, de modo que tenha algo a alcançar e desejar. Alguns gostam de escolher um presente que esteja relacionado ao seu programa de condicionamento físico, como, por exemplo, um podômetro, novos trajes para caminhada, um novo par de tênis ou, quem sabe, um frequencímetro. No entanto, reserve os presentes especiais para quando tiver atingido objetivos de longo prazo, pois, dessa forma, terá de lutar por algo que realmente deseja.

Planeje seu Trajeto

Antes de sair para uma caminhada, é necessário planejar seu trajeto. Busque lugares em que não haja muito tráfego nem muita poluição, que sejam bem iluminados, caso for caminhar à noite, e que considere agradáveis.

Busque ter como objetivo um ponto a atingir, como uma igreja ou árvore, pois dessa forma terá uma meta e sairá de casa com um propósito claro e definido. Procure saber se terá de enfrentar altas colinas ou diferentes terrenos durante o treino, pois esses são fatores que poderão aumentar a intensidade de seu exercício. Caso decida incluir tal desafio à sua caminhada, busque enfrentá-lo na metade de seu treino e, com certeza, ao fim.

O fator mais importante é planejar seu trajeto de acordo com a distância que pretende percorrer, pois não há nada mais frustrante do que atingir certo nível de preparo físico e ter de parar a caminhada antes do esperado. Antes de caminhar por ruas ou estradas, percorra o trajeto de carro, a fim de medir a distância que pretende percorrer. Dessa forma, conseguirá definir qual o trajeto adequado, de acordo com seus objetivos e forma física.

Conferindo a Perda de Peso

O que é perda de peso?

A melhor forma de perder peso é combinar um programa de atividade física a uma dieta saudável, pois, várias vezes, foi comprovado que uma abordagem dupla traz melhores resultados a longo prazo. Simplificando, para perder peso, é necessário consumir menos calorias do que o corpo gasta, portanto, se você diminuir o consumo de calorias por semana e aumentar a carga de exercícios nesse período, estará no caminho certo para atingir seus objetivos em termos de perda de peso.

Metabolismo

O metabolismo é o processo pelo qual o corpo transforma alimento em energia, e a quantidade de energia que o corpo utiliza, quando em repouso, é conhecida como taxa metabólica basal (TMB), que varia de pessoa para pessoa. Tenho certeza de que todos conhecem alguém irritante que come, come e come e não engorda nem um quilo! Há vários fatores, no entanto, que afetam o metabolismo. Com a idade, a nossa TMB naturalmente fica mais lenta; além disso, o peso, a genética e o sexo também exercem influência.

Uma das coisas mais importantes a saber sobre seu metabolismo é que a composição corporal é um fator preponderante na definição de sua TMB, e que ela pode ser mudada. Quanto mais massa muscular seu corpo tiver, mais rápido será seu metabolismo, pois o tecido muscular queima mais calorias quando está em repouso. A atividade física é, portanto, essencial não só para a perda de peso, mas para a manutenção dele.

Quanto perder?

É provável que você já tenha uma boa ideia de quantos quilos tem a mais, e qual seria seu peso ideal, mas é sempre recomendável tirar suas medidas antes de iniciar seu programa de caminhada, de modo a ter objetivos bem definidos.

A maioria acredita ser mais fácil simplesmente subir na balança, entretanto, há outras formas mais precisas de medir o peso e a porcentagem de gordura corporal. Experimente as que são sugeridas a seguir e observe qual delas é melhor para você. Apesar de ser importante estabelecer metas no período inicial de treino, evite monitorar seu progresso com muita frequência – uma vez por semana, ou mesmo a cada 15 dias, é suficiente. O mais importante é aprender a "ouvir" seu corpo e como se sente. Talvez você se encaixe na categoria de peso normal nas tabelas de medida, mas esteja três quilos acima de seu peso normal e não se sinta feliz com o resultado.

IMC

O índice de massa corpórea (IMC) é uma medida que leva em conta seu peso e sua altura. Você, com frequência, encontrará uma tabela de ICM no consultório de seu médico. Esse é um excelente parâmetro para saber se você precisa perder ou ganhar peso. Mas não se esqueça de que o IMC tem suas limitações, pois o peso por si só leva em conta a quantidade de músculos e de gordura presentes em sua composição corporal. O aumento da massa muscular leva ao ganho de peso, mas também contribui para a melhora do preparo físico e para um corpo mais esbelto.

Para calcular seu IMC, use a seguinte fórmula:
Meça sua altura em metros e a eleve ao quadrado.
Meça seu peso em quilos.
Divida o peso pela altura ao quadrado.
Agora, compare o valor com a seguinte escala:

Categorias	IMC
Abaixo do peso (para sua altura)	Abaixo de 18,5
Peso saudável	Entre 18,5 e 24,9
Sobrepeso (busque reduzir)	Entre 25 e 29,9
Obesidade (consulte um nutricionista)	A partir de 30

Como medir a porcentagem de gordura corporal

Como nem o peso mostrado pela balança nem o IMC mostram qual sua composição corporal, uma pessoa pode ser considerada acima do peso de acordo com seu peso e altura, ou com a tabela de IMC, e mesmo assim ter baixa porcentagem de gordura corporal. Por exemplo, o peso de um fisiculturista é muito mais elevado que a média em relação à sua altura, mesmo assim, sua porcentagem de gordura corporal é muito baixa.

Caso queira saber com precisão qual seu percentual de gordura, peça a seu clínico geral ou a um profissional de uma academia que o examine. Esse é um dado que pode servir como verdadeiro estímulo para seu programa de perda de peso, pois ao reduzir a porcentagem de gordura, mesmo que em poucos pontos, se sentirá bem e terá uma aparência muito melhor. Como referência, considera-se que a porcentagem média de gordura corporal no caso de mulheres adultas deve variar entre 22 e 25%, e a que porcentagem média de gordura corporal no caso de homens adultos deve variar entre 15 e 18%.

Usando uma fita métrica

Usar a boa e velha fita métrica é uma forma muito simples de monitorar a perda de peso. Todos nós nos atemos ao que a balança mostra, mas, se formos honestos, nossa preocupação não é o quanto pesamos, mas, sim, o quanto medimos.

Para obter um resultado preciso ao usar a fita métrica, lembre-se de usá-la sempre no mesmo lugar. É aconselhável medir a circunferência das maiores partes de cada área do corpo como sugerido a seguir:

Cintura

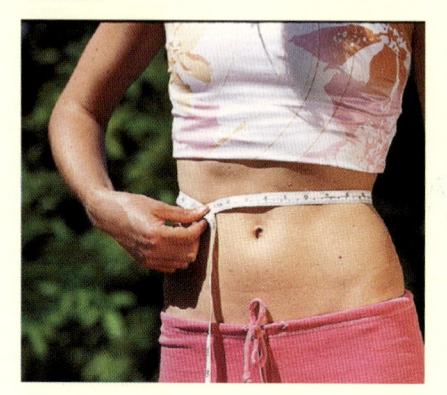

Quadril

Coxa

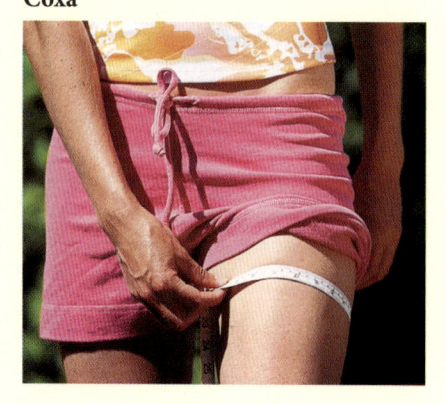

Braço

Planilhas para Perda de Peso

Ter uma planilha de treino é a melhor forma de começar um programa de perda de peso. Dessa forma aprenderá como variar a intensidade de seu treino e o efeito que isso exerce sobre o corpo. Chegou a hora de planejar seu treino diário e de concentrar-se na técnica e na boa postura e, no máximo, em três meses, você já notará os resultados.

Caminhada leve: entre 50% e 65% de sua FCM (frequência cardíaca máxima)

Caminhada moderada: entre 60% e 70% de sua FCM

Caminhada vigorosa: entre 65% e 75% de sua FCM (zona alvo para queima de gordura)

1. Planilha para Iniciantes

	segunda	terça	quarta	quinta	sexta	sábado	domingo
1ª semana	10 min caminhada moderada	10 min caminhada moderada	10 min caminhada moderada	10 min caminhada moderada	10 min caminhada moderada	10 min caminhada moderada	20 min caminhada leve
2ª semana	Descanso, mas faça um passeio pelo parque, *shopping*, etc.	10 min caminhada moderada	15 min caminhada moderada	10 min caminhada moderada	15 min caminhada moderada	10 min caminhada moderada	30 min caminhada leve
3ª semana	Descanso, mas faça um passeio pelo parque, *shopping*, etc.	15 min caminhada moderada	15 min caminhada moderada	10 min caminhada moderada	15 min caminhada moderada	15 min caminhada moderada	15 min caminhada leve
4ª semana	Descanso, mas faça um passeio pelo parque, *shopping*, etc.	15 min caminhada moderada	15 min caminhada moderada	15 min caminhada moderada	10 min caminhada vigorosa	15 min caminhada vigorosa	10 min caminhada leve/moderada
5ª semana	Descanso, mas faça um passeio pelo parque, *shopping*, etc.	15 min caminhada moderada	15 min caminhada vigorosa	15 min caminhada moderada	15 min caminhada vigorosa	15 min caminhada moderada	30 min caminhada moderada
6ª semana	Descanso, mas faça um passeio pelo parque, *shopping*, etc.	20 min caminhada moderada	15 min caminhada vigorosa	15 min caminhada moderada	15 min caminhada vigorosa	15 min caminhada moderada	40 min caminhada leve/moderada

7ª semana	Descanso, mas faça um passeio pelo parque, *shopping*, etc.	20 min caminhada moderada	20 min caminhada moderada	15 min caminhada vigorosa	20 min caminhada moderada	20 min caminhada moderada	40 min caminhada leve/ moderada
8ª semana	Descanso, mas faça um passeio pelo parque, *shopping*, etc.	20 min caminhada moderada	20 min caminhada vigorosa	20 min caminhada moderada	20 min caminhada vigorosa	20 min caminhada moderada	40 min caminhada moderada
9ª semana	Descanso, mas faça um passeio pelo parque, *shopping*, etc.	25 min caminhada moderada	20 min caminhada vigorosa	25 min caminhada moderada	20 min caminhada vigorosa	25 min caminhada moderada	20 min caminhada moderada
10ª semana	Descanso, mas faça um passeio pelo parque, *shopping*, etc.	25 min caminhada moderada	20 min caminhada vigorosa	30 min caminhada moderada	25 min caminhada moderada	25 min caminhada moderada	40 min caminhada moderada

Após ter adquirido bom domínio da técnica de *power caminhada*, use-a para caminhar um pouco mais rápido e elevar o nível de queima de gordura. Escolha um trajeto relativamente plano e uniforme, para que possa concentrar-se em aumentar a velocidade de suas passadas – "caminhada forte" significa caminhar o mais rápido possível sem perder o alinhamento do corpo.

Caminhada moderada: entre 60% e 70% de sua FCM

Caminhada vigorosa: entre 65% e 75% de sua FCM

Caminhada forte: entre 70% e 80% de sua FCM

2. Planilha Intermediária

	segunda	terça	quarta	quinta	sexta	sábado	domingo
1ª semana	Descanso	30 min caminhada moderada	25 min caminhada moderada	30 min caminhada moderada	25 min caminhada moderada	20 min caminhada forte	45 min caminhada moderada
2ª semana	Descanso	30 min caminhada moderada	35 min caminhada moderada	30 min caminhada moderada	25 min caminhada vigorosa	35 min caminhada moderada	45 min caminhada moderada
3ª semana	Descanso	30 min caminhada moderada	35 min caminhada moderada	30 min caminhada moderada	35 min caminhada moderada	25 min caminhada forte	50 min caminhada moderada
4ª semana	Descanso	35 min caminhada moderada	40 min caminhada moderada	35 min caminhada moderada	30 min caminhada vigorosa	40 min caminhada moderada	50 min caminhada moderada
5ª semana	Descanso	35 min caminhada moderada	40 min caminhada vigorosa	35 min caminhada moderada	40 min caminhada vigorosa	30 min caminhada forte	50 min caminhada moderada
6ª semana	Descanso	40 min caminhada moderada	45 min caminhada moderada	40 min caminhada moderada	35 min caminhada vigorosa	45 min caminhada moderada	55 min caminhada moderada
7ª semana	Descanso	35 min caminhada moderada	40 min caminhada moderada	35 min caminhada vigorosa	40 min caminhada moderada	30 min caminhada forte	55 min caminhada moderada
8ª semana	Descanso	40 min caminhada moderada	45 min caminhada moderada	40 min caminhada moderada	35 min caminhada vigorosa	45 min caminhada moderada	55 min caminhada moderada
9ª semana	Descanso	45 min caminhada moderada	50 min caminhada moderada	45 min caminhada moderada	50 min caminhada moderada	35 min caminhada forte	60 min caminhada moderada
10ª semana	Descanso	45 min caminhada moderada	50 min caminhada moderada	45 min caminhada moderada	40 min caminhada vigorosa	50 min caminhada moderada	60 min caminhada moderada

Caso tenha sentido melhora em seu condicionamento físico e consiga subir uma ladeira suavemente sem perder o fôlego, é hora de passar para o programa avançado. Para que seu condicionamento e sua perda de peso atinjam um novo patamar, é necessário aumentar a intensidade do treino e impor novos desafios a seu corpo.

Caminhada moderada: entre 60% e 70% de sua FCM

Caminhada vigorosa: entre 65% e 75% de sua FCM.

Caminhada forte: entre 70% e 80% de sua FCM

3. Planilha Avançada

	segunda	terça	quarta	quinta	sexta	sábado	domingo
1ª semana	Descanso	40 min caminhada vigorosa	50 min caminhada vigorosa	45 min caminhada vigorosa	40 min caminhada forte	50 min caminhada vigorosa	60 min caminhada moderada
2ª semana	Descanso	45 min caminhada vigorosa	50 min caminhada vigorosa	45 min caminhada vigorosa	60 min caminhada moderada	40 min caminhada forte	60 min caminhada moderada
3ª semana	Descanso	50 min caminhada vigorosa	55 min caminhada moderada	50 min caminhada vigorosa	45 min caminhada forte	55 min caminhada vigorosa	70 min caminhada moderada
4ª semana	Descanso	50 min caminhada vigorosa	55 min caminhada vigorosa	50 min caminhada vigorosa	70 min caminhada moderada	45 min caminhada forte	70 min caminhada moderada
5ª semana	Descanso	55 min caminhada vigorosa	60 min caminhada forte	55 min caminhada vigorosa	50 min caminhada forte	60 min caminhada vigorosa	70 min caminhada moderada
6ª semana	Descanso	55 min caminhada vigorosa	60 min caminhada vigorosa	55 min caminhada vigorosa	70 min caminhada moderada	50 min caminhada forte	70 min caminhada moderada
7ª semana	Descanso	55 min caminhada vigorosa	60 min caminhada moderada	55 min caminhada vigorosa	50 min caminhada forte	60 min caminhada vigorosa	80 min caminhada moderada
8ª semana	Descanso	55 min caminhada vigorosa	60 min caminhada vigorosa	55 min caminhada vigorosa	35 min caminhada vigorosa	60 min caminhada vigorosa	80 min caminhada moderada
9ª semana	Descanso	45 min caminhada moderada	50 min caminhada moderada	45 min caminhada moderada	80 min caminhada moderada	50 min caminhada forte	80 min caminhada moderada
10ª semana	Descanso	60 min caminhada vigorosa	70 min caminhada vigorosa	60 min caminhada vigorosa	80 min caminhada moderada	55 min caminhada forte	80 min caminhada moderada

Programa de treinamento de longa distância (ver página 128)

Talvez você tenha decidido estabelecer, como objetivo de médio prazo do seu programa de perda de peso, participar de um evento de longa distância como, por exemplo, uma meia maratona, ou, quem sabe, uma maratona.

Use a planilha da página 128 como guia e adapte-a, de acordo com suas necessidades ou distância que pretende percorrer, lembrando-se de que o objetivo de um treino de longa distância é o aumento da resistência e da força em distâncias cada vez maiores e, a partir de então, buscar aumentar a velocidade, de acordo com a melhora de seu preparo físico. Sua meta inicial deve ser percorrer cerca de 1,5 quilômetro em 20 minutos.

Programa para melhora da condição física (ver página 128)

Exercitar-se é uma das melhores coisas para o nosso estado de saúde geral e bem-estar. A falta de exercícios e a obesidade normalmente caminham par a par e são dois importantes fatores de risco para a saúde. O objetivo da planilha para melhorar a condição física é reduzir o estresse, diminuir a pressão sanguínea e fortalecer o coração e os pulmões. O coração é um músculo e, assim como os outros músculos do corpo, precisa ser estimulado para estar em boa forma, sendo que, por meio da atividade física, o coração pode chegar a aumentar de tamanho. Hoje as doenças coronarianas são uma das principais causas de morte no Reino Unido e, no entanto, algo tão simples como caminhar pode ajudar na prevenção contra elas.

Além dos benefícios para a saúde física, caminhar contribui para o bem-estar. Às vezes, somos tomados pelo estresse e reservar um tempo para caminhar pode ajudá-lo a sentir-se mais no controle da situação e a colocar os fatos na perspectiva correta. O exercício leva o corpo a produzir seus próprios antidepressivos, as endorfinas, que, de acordo com estudos, têm papel importante na redução dos sintomas de ansiedade, estresse e depressão. Busque caminhar em local tranquilo – mesmo que more no centro da cidade. É bem provável que encontre um parque perto de sua casa, ou em áreas residenciais longe de ruas congestionadas.

Este programa é ideal para os que gostam de ter desafios e uma meta a atingir como, por exemplo, participar de uma corrida ou de uma caminhada beneficente.

No entanto, este nível de treinamento exige que você tenha total controle de sua postura e técnica, pois nesse estágio a última coisa que deseja é sofrer uma lesão que prejudique seu progresso. Portanto, não deixe de fazer exercícios técnicos com regularidade.

Caminhada moderada: entre 60% e 70% de sua FCM

Caminhada vigorosa: entre 65% e 75% de sua FCM

Caminhada forte: entre 70% e 80% de sua FCM

4. Planilha para Treinamento de Longa Distância

	segunda	terça	quarta	quinta	sexta	sábado	domingo
1ª semana	3 km caminhada moderada	Descanso	5 km caminhada moderada	3 km caminhada vigorosa	20 min de outra atividade física	1,5 km caminhada forte	5 km caminhada moderada
2ª semana	20 min de outra atividade física	3 km caminhada vigorosa	5 km caminhada moderada	Descanso	5 km caminhada moderada	3 km caminhada vigorosa	5 km caminhada moderada
3ª semana	5 km caminhada moderada	Descanso	6,5 km caminhada moderada	5 km caminhada vigorosa	20 min de outra atividade física	2,5 km caminhada forte	6,5 km caminhada moderada
4ª semana	20 min de outra atividade física	5 km caminhada vigorosa	6,5 km caminhada moderada	Descanso	6,5 km caminhada moderada	5 km caminhada vigorosa	6,5 km caminhada moderada
5ª semana	5,5 km caminhada moderada	Descanso	7 km caminhada moderada	6,5 km caminhada vigorosa	20 min de outra atividade física	3 km caminhada forte	8 km caminhada moderada
6ª semana	20 min de outra atividade física	6,5 km caminhada vigorosa	7 km caminhada moderada	Descanso	7 km caminhada moderada	6,5 km caminhada vigorosa	9,5 km caminhada moderada
7ª semana	8 km caminhada moderada	Descanso	9,5 km caminhada moderada	5,5 km caminhada vigorosa	20 min de outra atividade física	4 km caminhada forte	55 min caminhada moderada
8ª semana	20 min de outra atividade física	6,5 km caminhada vigorosa	9,5 km caminhada moderada	Descanso	6,5 km caminhada vigorosa	6,5 km caminhada vigorosa	13 km caminhada moderada
9ª semana	9,5 km caminhada moderada	Descanso	11 km caminhada moderada	6,5 km caminhada vigorosa	20 min de outra atividade física	5 km caminhada vigorosa e forte	9,5 km caminhada moderada
10ª semana	20 min de outra atividade física	8 km caminhada vigorosa	9,5 km caminhada moderada	Descanso	6,5 km caminhada vigorosa	6,5 km caminhada vigorosa	16 km caminhada moderada

Este programa aumenta a produção de endorfinas, antidepressivo natural produzido pelo corpo que o ajudará a pensar de modo mais claro e a livrar-se de pensamentos negativos. Reservar um horário em sua agenda para caminhar, além de melhorar a forma física, é uma incrível oportunidade de estar consigo mesmo e de resolver os problemas que o incomodam.

Caminhada moderada: entre 60% e 70% de sua FCM

Caminhada vigorosa: entre 65% e 75% de sua FCM

Caminhada forte: entre 70% e 80% de sua FCM

5. Planilha para Melhora da Qualidade de Vida

	segunda	terça	quarta	quinta	sexta	sábado	domingo
1ª semana	Passeie pelo menos por 10 min	15 min caminhada moderada	10 min caminhada vigorosa	Passeie pelo menos por 10 min	15 min caminhada moderada	10 min caminhada forte	20 min caminhada leve/moderada
2ª semana	Passeie pelo menos por 10 min	15 min caminhada moderada	10 min caminhada vigorosa	Mesmo programa de segunda	15 min caminhada moderada	15 min caminhada vigorosa	20 min caminhada leve/moderada
3ª semana	Passeie pelo menos por 10 min	20 min caminhada moderada	15 min caminhada vigorosa	Mesmo programa de segunda	15 min caminhada moderada	15 min caminhada forte	30 min caminhada leve/moderada
4ª semana	Passeie pelo menos por 10 min	20 min caminhada moderada	15 min caminhada vigorosa	Mesmo programa de segunda	15 min caminhada moderada	20 min caminhada vigorosa	30 min caminhada leve/moderada
5ª semana	Passeie pelo menos por 10 min	25 min caminhada moderada	20 min caminhada vigorosa	Mesmo programa de segunda	20 min caminhada moderada	15 min caminhada forte	30 min caminhada moderada
6ª semana	Passeie pelo menos por 10 min	25 min caminhada moderada	20 min caminhada vigorosa	Mesmo programa de segunda	20 min caminhada moderada	20 min caminhada vigorosa	40 min caminhada moderada
7ª semana	Passeie pelo menos por 10 min	25 min caminhada moderada	20 min caminhada vigorosa	Mesmo programa de segunda	20 min caminhada moderada	15 min caminhada forte	40 min caminhada moderada
8ª semana	Passeie pelo menos por 10 min	25 min caminhada moderada	20 min caminhada vigorosa	Mesmo programa de segunda	20 min caminhada moderada	20 min caminhada vigorosa	25 min caminhada moderada
9ª semana	Passeie pelo menos por 10 min	30 min caminhada moderada	25 min caminhada vigorosa	Mesmo programa de segunda	30 min caminhada moderada	15 min caminhada forte	55 min caminhada leve/moderada
10ª semana	Passeie pelo menos por 10 min	30 min caminhada moderada	25 min caminhada vigorosa	Mesmo programa de segunda	30 min caminhada moderada	20 min caminhada forte	60 min caminhada leve/moderada

Caminhada Meditativa

Caminhar sozinho pode ser extremamente prazeroso. É uma oportunidade de ter um momento para si, durante o qual poderá refletir sobre um dia corrido ou de uma semana atarefada e recarregar as baterias.

É muito mais fácil resolver os problemas após receber uma boa dose de ar fresco e, ao deixar-se levar pelo ritmo da *power caminhada*, conseguirá pensar sobre o que o incomoda e achar uma solução.

Estar ao ar livre, em um belo ambiente, é algo que nos inspira. Caso precise criar algo novo para uma apresentação no trabalho, ou mesmo para uma festa que esteja planejando, crie uma imagem clara da situação em sua mente, e as ideias começarão a fluir. Não deixe, no entanto, de carregar um bloco de notas para poder escrever o que lhe vem à cabeça – tenho certeza de que, ao ler suas anotações, ficará surpreso com a clareza e criatividade de seus pensamentos.

Caminhar só também é uma boa oportunidade para meditar. Talvez você associe a meditação com uma ideia de um grupo de pessoas sentadas no chão, em círculo, com as pernas cruzadas, murmurando sons estranhos e, de modo geral, não fazendo nenhum movimento. Mas você está errado: a meditação é um exercício para a mente, assim como a atividade física é um exercício para o corpo. Ela o faz entrar em um estado mental que o distancia do estresse diário e, ao praticá-la com regularidade, você conseguirá fortalecer seu sistema imunológico, ficar mais tranquilo e mais saudável em todos os aspectos.

Há várias técnicas de meditação. No entanto, todas elas têm o mesmo objetivo, que não é ensiná-lo como pensar, mas como focar sua atenção de modo que não se disperse ou divague. Isso não significa que tenha de ficar inconsciente, mas apenas que não se atenha aos milhares de pensamentos difusos que passam por sua mente.

Você ficará surpreso ao perceber quão difícil é "simplesmente estar" em estado meditativo, mas caso consiga parar de se preocupar com o que tem de fazer e não se prender aos pensamentos que lhe ocorrem, ficará pasmo com os benefícios dessa prática.

A caminhada meditativa é excelente para aqueles momentos em que você precisa de espaço e de oportunidade para estar consigo mesmo. Experimente e observe...

Caminhada Meditativa

Como realizar

1. Escolha um lugar belo e relaxante para fazer sua caminhada. Comece a caminhar em ritmo leve e, em seguida, tente combinar seus passos à respiração. Não tente caminhar a uma velocidade que não seja adequada para você; busque dar dois passos enquanto inspira, e dois enquanto expira, deixando-se levar pelo movimento, até entrar em um estado de consciência tranquilo.
2. Quando estiver relaxado, passe a prestar atenção a seus pés. Sinta o contato deles com o solo, o peso do corpo sendo transferido junto com o movimento do pé que lhe impulsiona para a frente. Você está batendo o pé contra o solo ou o pousando com suavidade contra o solo? Você consegue ouvir o estalar da terra e dos galhos sob seus pés? Preste atenção a seus sentidos e ao ambiente ao redor – ao vento batendo em seu rosto, à luminosidade, aos sons, aos cheiros.
3. Diga para si o que está fazendo, por exemplo: "estou caminhando por esta trilha". Continue a repetir, não de forma monótona, mas para se lembrar de experienciar o momento presente. Sempre que sua mente começar a divagar, traga-a de volta para a afirmação que escolheu e mantenha o foco de novo.
4. Enquanto caminha, não deixe de combinar seus passos ao ritmo respiratório. Fique atento a seu corpo e a como se sente. Elimine quaisquer pensamentos relacionados a metas a serem atingidas, de modo que se concentre apenas no caminhar. Entre em sintonia com algum ruído e busque replicá-lo em sua mente – pode ser o canto de um pássaro, algumas frases de uma conversa que ouviu durante o caminho ou o som do vento entre as árvores. Em seguida, busque focar-se em um ponto fixo a sua frente e concentre-se nele até tê-lo ultrapassado. Conecte-se de novo à natureza – isso irá energizar e alimentar sua alma.

Por quanto tempo?

Caminhe no mínimo por 20 minutos e, no máximo, por uma hora.

Capítulo 8

Acessórios, Roupas e Afins

Antes de iniciar seu programa de caminhada, vale a pena dar uma olhada nas roupas, tênis e acessórios à venda, pois ao vestir-se de modo apropriado – com os equipamentos certos – e, ao sentir-se preparado, terá a confiança necessária para atingir seus objetivos, não importa onde for caminhar. Um dos benefícios da *power caminhada* é não exigir que você tenha nenhum equipamento muito especial, basta um bom par de tênis que lhe dê estabilidade e amorteça o impacto. Mesmo assim, você deve vestir-se de acordo com as condições climáticas. Hoje há grande variedade de produtos disponíveis no mercado para mantê-lo aquecido, refrescado, seco e assim por diante. Sempre busque o melhor – tecidos que provoquem irritação e bolhas na pele podem, por vezes, levá-lo a ter de diminuir a intensidade de seu treino durante semanas. Portanto, procure comprar roupas leves e que não limitem os movimentos.

Há também vários acessórios esportivos, como podômetros e frequencímetros, que, apesar de não serem necessários, podem ser muito úteis para seu programa de caminhada. Uma pesquisa recente provou que esses tipos de acessórios contribuem para que os praticantes de atividades físicas mantenham-se motivados, pois, além de aumentar o interesse no programa de exercícios, oferecem informações precisas e imediatas sobre a intensidade do treino.

Caso esteja planejando fazer caminhadas longas, por áreas isoladas ou sob condições imprevisíveis, é de extrema importância usar roupas adequadas e levar suprimentos básicos, tais como: alimento, água e um estojo de primeiros socorros; algum dinheiro e um telefone celular também são recomendados. Caso tenha a intenção de caminhar até um ponto distante, informe alguém que não participará da caminhada sobre qual trilha irá percorrer e quando espera estar de volta. Sempre leve consigo agasalhos, caso o tempo mude para pior.

Tênis

São o mais importante investimento para sua nova atividade, pois além de tornar seu caminhar mais confortável e de ajudar a aprimorar sua técnica, evitarão que sofra lesões e possa continuar a caminhar por anos a fio.

A boa notícia é que comprar um bom par de tênis para caminhada não significa, necessariamente, ter de escolher o modelo mais caro, pois este, de modo geral, é o que está na moda e, em termos técnicos, nem sempre é grande coisa. No entanto, não tenha como meta economizar. Vá a várias lojas antes de escolher o que vai comprar e peça a opinião dos vendedores. Eles são as pessoas mais indicadas para orientá-lo.

É recomendável usar tênis de corrida?
Cada atividade exige que o corpo trabalhe de forma diferente. É, portanto, importante comprar um modelo de tênis que seja projetado de acordo com seu propósito específico. De modo geral, os tênis de corrida têm o solado do calcanhar mais alto, para que você consiga controlar melhor o movimento da parte posterior do pé, o que não é necessário durante a caminhada. Isso apenas causará sobrecarga nos músculos tibiais e, em pouco tempo, dores e inflamações nessa região.

A parte da frente dos tênis de corrida também é mais rígida que a dos tênis de caminhada, para tornar mais eficiente o movimento de rolagem do pé, do calcanhar até os dedos, e para proteger os pés de pedras, raízes de árvores e outros obstáculos presentes no solo, os quais não conseguimos ver quando nos movemos rapidamente. Os tênis de caminhada, ao contrário, devem ser flexíveis na parte da frente para que os dedos possam, facilmente, empurrar o chão e, assim, impulsionar o corpo para frente e ter um bom sistema de amortecimento no calcanhar, pois o caminhante toca o solo primeiro com o calcanhar, para, a partir de então, começar o movimento de rolagem. Não caia na tentação de usar seu velho tênis de corrida: eles não irão lhe favorecer em nada!

Pontos a Serem Observados

Há enorme variedade de tênis no mercado, e a lista a seguir inclui os principais aspectos que você deve observar ao comprar um par de tênis, o que irá ajudá-lo a manter-se longe dos tênis da moda e a concentrar-se no que é realmente importante. Um bom par de tênis deve:

• Ter o cabedal (corpo do tênis) feito de material respirável – uma espécie de telinha – e ser leve. Você não vai querer usar um par de tênis de couro, pesado e desconfortável.

• Ser flexível. O caminhante atinge o solo primeiramente com o calcanhar e então rola o pé, do calcanhar até os dedos. Portanto, é necessário que o tênis de caminhada tenha solado mais flexível na parte da frente, do que os de corrida. Observe se consegue, com facilidade, dobrar e torcer essa parte do tênis.

• Ter um solado com bom sistema de amortecimento de impacto na região do calcanhar e do metatarso.

• Ter biqueira arredondada para não limitar o movimento dos dedos.

• Ter o solado do calcanhar chanfrado e baixo, o que oferece estabilidade à parte posterior do pé. Um solado alto ou largo fará com que o pé, em vez de rolar, bata contra o chão, o que diminui a fluidez do movimento e, como consequência o impulso natural do corpo para a frente, além de aumentar as chances de dor na região tibial.

• Propiciar apoio para o arco do pé.

E quanto às botas de caminhada?

Elas não são indicadas para *power caminhada,* pois têm solado duro e um rígido apoio para o calcanhar. São fantásticas para caminhadas em terrenos acidentados, pois evitam torções do tornozelo, mas são desconfortáveis para a *power caminhada,* pois, além de pouco flexíveis, são pesadas, o que as torna extremamente desconfortáveis.

Qual é seu tipo de pé?

As características básicas mencionadas anteriormente para a escolha de seu tênis são um bom começo. No entanto, cada um de nós tem um diferente tipo de pisada, e o melhor tênis para você é aquele que, além de oferecer mais estabilidade, flexibilidade e amortecimento, compensa desequilíbrios posturais e corrige a pisada. Por exemplo, após o calcanhar tocar o solo, o pé deve rolar, em especial o calcanhar e o arco, funcionando como mecanismo natural de amortecimento. Essa é a pisada neutra.

No entanto, algumas pessoas rolam o pé demasiado para dentro (pronação) ou, ao contrário, usam como apoio a borda externa do pé (supinação). Ambos os tipos de pisada podem gerar dores nas articulações, na tíbia e causar lesões. É provável que encontre em uma loja especializada em calçados esportivos alguém capacitado para analisar seu tipo de pisada e recomendar o tênis que seja mais adequado a você, levando em conta os seguintes quesitos: distância normalmente percorrida, velocidade, estilo de caminhada, tipo de solo, assim como seu peso e o tamanho de sua passada.

Pronação

O pé foi projetado para, ao caminharmos, rolar levemente para dentro após tocar o solo. Esse movimento ajuda a distribuir o impacto por todo o pé, no entanto, os pronadores rolam o pé demasiado para dentro, o que gera sobrecarga sobre este e a parte inferior da perna. Corrigir esse problema com o uso de tênis indicados para esse tipo de pisada é fundamental para evitar lesões futuras.

Como saber se você é um pronador
Caso esteja em uma loja especializada em calçados esportivos, peça a um vendedor capacitado para observar seus pés enquanto caminha. Ele terá condições de lhe dizer se você está rolando o pé demasiado para dentro. Outro modo de saber se você é um pronador é colocar um antigo par de tênis sobre uma mesa e olhá-lo por trás, à altura dos olhos. Observe se "caem" para dentro de modo acentuado e se a parte de fora do solado está tão desgastada quanto a parte interna, à altura do metatarso (parte média do pé). De modo geral, pronadores têm pés chatos.

Como solucionar o problema
Busque usar um tênis com reforço na lateral interna, o que evitará que pise para dentro e dará mais estabilidade à sua pisada. Talvez seja necessário comprar um tênis que controle o movimento do pé, com solado firme na parte média e reforço na lateral interna, para evitar a pronação excessiva. Evite comprar tênis muito acolchoados,

pois algumas vezes eles tornam o problema ainda pior.

Supinação

A supinação, também conhecida como subpronação, é o oposto da pronação, ou seja, há apoio excessivo na borda externa do pé durante o movimento de rolagem. Esse tipo de pisada pode causar lesões no joelho e no tendão do calcâneo (localizado na parte posterior do tornozelo), caso não seja corrigida com o uso de tênis adequado.

Como saber se você é um supinador
Coloque seu tênis sobre uma superfície plana à altura dos olhos. Nesse caso, você deve observar se a borda externa do tênis se desgastou a ponto de o tênis pender, nitidamente, para fora. De modo geral, os supinadores têm pé cavo, ou seja, uma curvatura exagerada.

Como solucionar o problema
Supinadores, de modo geral, têm pés pouco flexíveis, portanto busque comprar um par de tênis leve, que tenha a lateral interna bem maleável e que ofereça apoio para o arco do pé: ao virar o tênis, observe se a parte superior/de cima do solado faz uma curva para dentro – além disso, seu tênis de caminhada deve também oferecer bom apoio para o tornozelo e o calcanhar.

Conforto para os pés

Nunca compre um tênis que não seja confortável, pois calçados muito apertados podem causar os mais variados problemas.

Os tênis de caminhada, como a maior parte dos calçados esportivos, normalmente têm uma forma pequena. Lembre-se disso ao experimentar seu tênis, pois talvez tenha de comprar um que seja um ou dois números maior do que está habituado a calçar.

Há alguns anos, um estudo realizado pela Associação Americana de Podiatria Clínica revelou que a maior parte dos problemas apresentados por mulheres relacionados aos pés era consequência direta do uso de calçados pequenos demais.

Pés neutros

Caso você esteja incluído nesta categoria, seu pé não rolará nem muito para dentro, nem para fora e, ao fazer o teste com seu antigo par de tênis de corrida, notará que o solado está desgastado por igual e, portanto, será mais fácil encontrar um tênis adequado para você, mas não se esqueça de observar se ele possui as características básicas listadas anteriormente no item "Pontos a Observar".

Onde comprar

Apesar de ser ótimo ter uma ideia sobre qual seu tipo de pé e de pisada, é sempre recomendável procurar uma loja especializada, onde haja alguém capacitado para analisar sua marcha e recomendar o modelo de tênis mais apropriado para você. Busque saber qual a loja mais próxima procurada por corredores e caminhantes que levam a sério a atividade física. Lá, você encontrará vendedores que são, em sua maioria, treinados para indicar qual o tênis mais adequado para você, e não o mais caro, ou aquele que está na moda. Caso esteja com dificuldade em saber onde comprar seu tênis de caminhada, converse com grupos de corredores ou caminhantes e pergunte qual loja consideram digna de confiança.

Dicas para experimentar seu tênis

• Como ao caminhar os pés incham, sempre experimente seu tênis no fim do dia quando os pés estão mais inchados, ou logo após uma caminhada.

• Ao experimentar um tênis, vista as meias que usa ao caminhar.

• Se tiver um pé maior do que o outro, escolha o tamanho do tênis de acordo com o pé maior.

• Certifique-se de que a distância entre a ponta do tênis e seu dedo do pé mais longo (normalmente o "dedão do pé") é, no mínimo, do tamanho de seu polegar, pois, dessa forma, quando o pé inchar não sentirá o tênis apertado. O bico do tênis deve ser largo o suficiente para que os dedos possam se movimentar à vontade. O apoio do calcanhar deve ser firme para que este não "deslize" dentro do tênis, ao mesmo tempo, o tênis não deve apertar o pé ou restringir os movimentos dele, em especial na altura do arco ou do metatarso. Lembre-se de experimentar o tênis em pé, em vez de sentado.

• Não tenha vergonha de andar pela loja com o tênis para poder sentir como ele se adapta a seu pé. Ao caminhar de um lado para outro, observe principalmente se o calcanhar se mantém firme e se os dedos se movimentam livremente.

• Caso sinta algum ponto de atrito entre o pé e o tênis, não caia na tentação de achar que o tênis se ajustará à sua pisada – a única coisa que conseguirá serão bolhas. Aliás, nenhum calçado esportivo deve se "ajustar" à pisada, mas sim ser confortável desde o primeiro dia de uso. Este é um quesito fundamental para um bom desempenho.

Quanto devem durar?
Após ter escolhido seu tênis, a etapa seguinte é saber por quanto tempo o usará. Muitos caminhantes deixam de comprar um novo par de tênis para substituir o antigo antes de este perder sua eficácia e acabam sendo vítimas de dores crônicas nos pés. Anote qual a distância percorrida com o par de tênis que está usando e compre um novo após ter caminhado entre 175 e 375 quilômetros.

Caso esteja usando tênis muitos leves, acima do peso ideal, ou saiba que, de modo geral, "exige muito" de seus calçados, substitua-os com mais frequência. Você saberá que é hora de comprar um novo par de tênis quando este não mais ajudá-lo a impulsionar o corpo para a frente – sinal de que o sistema de amortecimento não está mais funcionando. Nesse caso, não espere para comprar um novo par, pois um bom sistema de amortecimento é primordial para absorver o impacto e evitar lesões.

Não deixe de verificar com regularidade a parte interna de seu tênis. Observe se há costuras salientes ou partes desgastadas que possam causar bolhas doloridas nos pés. Para aumentar a vida útil de seu tênis, use-o somente para caminhar e, se possível, alterne-o com outro, de modo que cada par tenha tempo suficiente para "se recuperar".

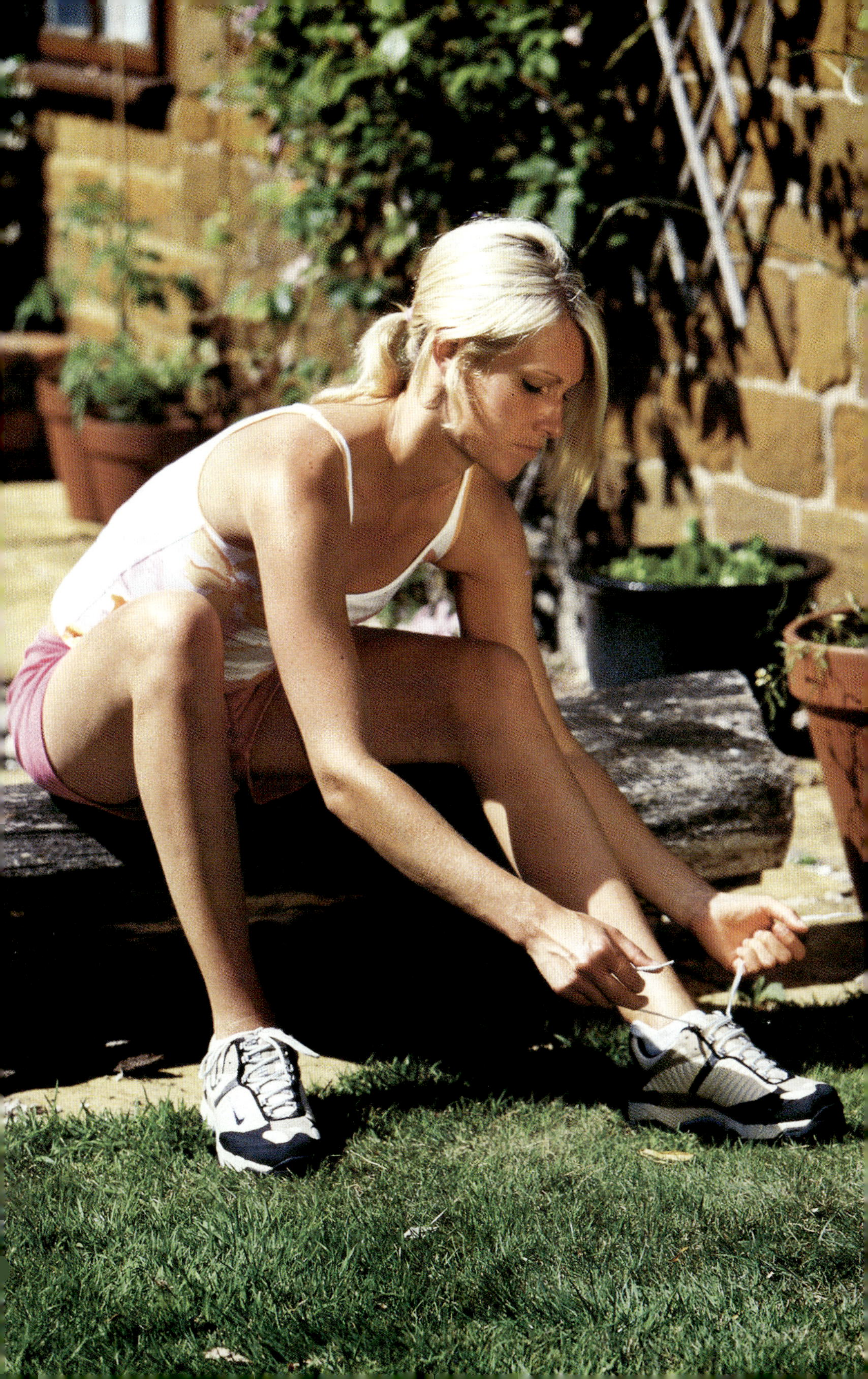

Meias

Um bom par de meias é tão importante quanto um bom par de tênis, pois usar meias inadequadas pode causar bolhas e muita dor. A meia é importante, em especial por absorver o suor dos pés, pois, caso contrário, este será absorvido pela pele, tornando-a mais macia, delicada e propensa aos efeitos do atrito contra a meia e o tênis. Evite usar meias de algodão ou de lã, pois estas, de modo geral, absorvem a umidade e podem causar enormes bolhas quando úmidas.

É também importante evitar usar meias de cano baixo, pois apesar de parecerem fantásticas, não protegem o tendão do calcâneo do atrito com a parte posterior do tênis. Não use meias velhas: o tecido desgastado e com furos provavelmente causará bolhas e deixará algumas áreas do pé demasiado sensíveis. Há diferentes marcas, formatos e materiais à disposição, portanto apresento a seguir uma diretriz para que você escolha o tipo mais adequado a seu caso.

Caso esteja procurando meias finas, certifique-se de que não tenham costuras e que sejam feitas de material sintético para evitar atrito com os pés.

Recomendo meias que também sejam grossas e acolchoadas, pois estas contêm proteção extra nas regiões em que, normalmente, há atrito. Não deixe de adquiri-las quando for comprar seu tênis de caminhada, mesmo que tenha de escolher um tênis que seja um número maior do que está habituado a usar.

Há meias com duas camadas de tecido que evitam o surgimento de bolhas, pois as camadas das meias criam um atrito entre si, evitando, dessa forma, o atrito da meia com o pé. Algumas pessoas acreditam que esse mecanismo funcione, ao passo que outras são de opinião contrária.

Outra opção é calçar uma meia de seda embaixo de sua meia de caminhada, o que terá o mesmo efeito da meia com duas camadas. Ambos os tipos de meia podem ser adquiridos na maioria das lojas especializadas em artigos esportivos. Escolha meias que não sejam nem muito largas nem apertadas, pois em ambos os casos geram atrito desnecessário.

Roupas para o frio

Colocar várias camadas de roupa é a melhor forma de se manter aquecido no frio, pois o ar quente se mantém em cada uma das camadas, conservando o corpo aquecido. Além disso, você se sentirá agasalhado, mas não em excesso. Use tecidos respiráveis, como Dry Fit, pois assim seu corpo liberará o excesso de calor e de suor, mantendo-se seco.

A primeira camada deve ser composta de roupas feitas de tecido sintético que absorvem o suor da pele, de modo que este se evapore, levando-o a sentir-se mais fresco. A segunda camada deve aquecê-lo, mas poder ser retirada quando a temperatura corporal se elevar. Para formar essa camada "isolante" você pode usar uma camiseta de mangas compridas e uma calça *legging*, ou um blusão *fleece* e uma calça de agasalho feita de moletom, *fleece*, ou tecido impermeável. No entanto, fique atento para escolher seu agasalho de acordo com o clima, e lembre-se de que, ao se exercitar, a temperatura de seu corpo fica mais alta – use coletes acolchoados somente em dias de muito frio.

A última camada deve protegê-lo do mau tempo e pode ser retirada quando se sentir aquecido. A melhor opção é usar uma jaqueta esportiva folgada, feita de tecido impermeável, que o proteja contra o vento e a chuva, mas que também permita que seu corpo respire. Jaquetas feitas de Gore-Tex são mais caras do que capas de chuva, no entanto valem a pena o investimento, pois além de permitir que o suor evapore, em vez de encharcar a roupa, o protegem contra a chuva e o vento. Em dias muito frios, pode ser necessário usar um par de luvas e um gorro, pois chegamos a perder 30% do calor corporal pela cabeça, portanto, um gorro pode realmente fazer a diferença. Conforme for se aquecendo, talvez seja necessário tirar uma camada de roupa para evitar o superaquecimento do corpo, mas não deixe de vesti-la de novo, caso comece a sentir frio.

Roupas para o calor

Durante as estações quentes ou dias de calor, é provável que precise de apenas uma camada de roupa: uma camiseta e shorts são o suficiente. Busque usar cores claras e roupas feitas de materiais sintéticos, como Dryflo ou Coolmax, pois eles permitem que a pele respire, além de não a irritarem, como ocorre com tecidos feitos de algodão, que retêm o suor e não permitem que este se evapore. Caso o sol esteja forte, use um boné para evitar sofrer de insolação e cuide de sua pele usando um filtro solar com alto fator de proteção (FPS).

Sutiã esportivo

De nada vale preocupar-se tanto com o que vestir, se aquilo que está por baixo é desconfortável e não oferece o suporte necessário. Independentemente da idade, do formato do corpo ou da composição corporal – as mulheres devem sempre usar um sutiã esportivo, pois exercitar-se regularmente com um sutiã que não ofereça sustentação fará com que os seios fiquem caídos e, quando o tecido das mamas se torna flácido, não há nada que possa ser feito para regenerá-lo!

É muito importante que o sutiã se ajuste a seu corpo, portanto, na dúvida, procure uma loja de artigos esportivos ou de *lingerie*, para saber qual o tipo adequado para você. Procure um sutiã com alças largas que não marquem a pele. Na minha opinião, os melhores modelos são os que têm de ser colocados pela cabeça, com alças em formato de "T" nas costas, que se acomodam aos músculos dorsais. Há varias opções de sutiãs esportivos – quanto maior o tamanho de seus seios, mais firme o sutiã deverá ser.

Equipamentos

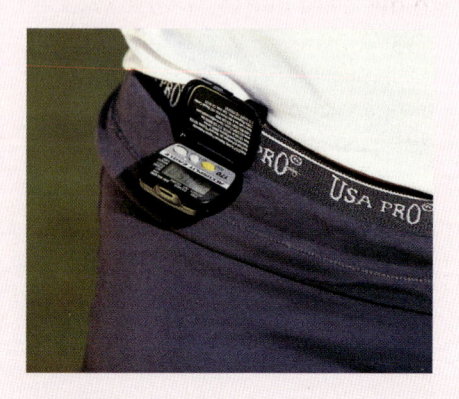

Podômetro

Recomendo que compre um podômetro para ajudá-lo em seu programa de perda de peso, pois é um equipamento que o ajudará a medir seu progresso e que lhe dará motivação para melhorar seu desempenho cada vez mais.

O podômetro, de modo geral, registra o número de passos que você dá e deve ficar preso no cós de seu short ou calça de caminhada, em linha com o joelho. Apesar de alguns modelos apenas registrarem o número de passos, outros permitem registrar o tamanho das passadas e, dessa forma, você poderá calcular a distância percorrida e o número de calorias gastas (ver capítulo 8 – planilha para perda de peso). Determine qual a distância ou o número de passos que pretende percorrer a cada dia, e anote seu desempenho em um diário. Recomenda-se que, para manter-se saudável, você deva dar 6 mil passos por dia e, para perder peso, 10 mil, somando todos os passos que der durante o dia. Para que atinja sua meta de perda peso, o recomendado é fazer, todos os dias, uma caminhada longa e ininterrupta de entre 4 e 6 mil passos.

Esse pequeno equipamento não pesará em seu bolso. Os modelos mais caros registram dados que podem vir a ser muito úteis, como quantidade de calorias gastas e frequência cardíaca, além de possuírem relógio, cronômetro, tacômetro (controle de velocidade) e uma memória que armazena os dados relativos aos últimos sete dias de treino. No entanto, recomendo que compre um modelo que tenha preço razoável (a precisão dos muito baratos é questionável). Os podômetros oferecem mais precisão quando caminhamos em terreno relativamente plano, em vez de em terrenos irregulares.

Frequencímetro (monitores cardíacos)

Frequencímetros são equipamentos fantásticos, pois indicam exatamente qual a intensidade de seu treino, e essa informação é de extrema importância para saber se você está caminhando dentro da zona de treinamento ideal para seu programa de perda de peso (ver capítulo 6 – zonas de treinamento). Uma cinta amarrada ao tórax transmite o número de batimentos cardíacos por minuto (bpm) para uma espécie de relógio colocado em seu pulso, permitindo que você monitore facilmente seu bpm. Dessa forma, você não precisa interromper o treino para verificar seu batimento cardíaco e será mais fácil ajustar a intensidade de seu treino, caso perceba que a frequência cardíaca está muito alta ou baixa.

Dicas para uma caminhada segura

• Use roupas refletivas ou acessórios refletivos, como colete ou braçadeira, ao caminhar por estradas, de modo que possa ser facilmente visto por motoristas.

• Nunca caminhe sozinho por uma nova trilha. Esteja sempre acompanhado de um amigo no caso de esta ser deserta, ou de estar coberta pela vegetação.

• Sempre leve um celular e alguns trocados, caso precise usar um telefone público.

• Não caminhe sozinho ouvindo música com fones de ouvido. É importante manter-se atento ao que acontece ao redor, e em condições de reagir prontamente.

• Acredite em seus instintos. Caso sinta que algo não esteja bem, reaja imediatamente.

• Se estiver caminhando sozinho, leve um apito ou alarme para manter-se tranquilo (alguns podômetros possuem um dispositivo de alarme).

• Pareça confiante. Caminhe mantendo boa postura e a cabeça para cima. Cumprimente os outros caminhantes discretamente de modo que saibam que você não se sente incomodado pela presença deles.

• Sempre leve consigo sua identidade e ficha médica, a qual deve conter as seguintes informações: tipo sanguíneo, alergias, doenças que possa ter, medicações usadas, procedimentos em caso de emergência, convênio médico e telefones de contato.

• Não use joias visíveis.

Os frequencímetros mais simples apenas registram a frequência cardíaca e há quanto tempo você está se exercitando. No entanto, os frequencímetros *hi-tech* calculam o número de calorias gastas, a média dos batimentos cardíacos por treino, a porcentagem de calorias queimadas em forma de gordura e muito, muito mais. Portanto um frequencímetro é um bom modo de medir sua forma física, pois, quanto melhor seu condicionamento, mais baixa será sua frequência cardíaca quando em exercício e em repouso.

Mesmo assim, adquirir um frequencímetro pode ser um investimento caro e há outros modos de medir sua frequência cardíaca (ver capítulo 6). Sugiro que você só adquira um após ter seguido seu programa de caminhada por algum tempo e esteja ansioso por monitorar a intensidade de seu treino.

Pochete

Alguns odeiam sair para caminhar com as mãos ou bolsos carregados, mas, às vezes, precisamos levar chaves, dinheiro, celulares, etc. Pochetes, de modo geral, são uma ótima solução e algumas delas possuem vários compartimentos projetados para cada um dos itens que você precisa levar consigo – você pode inclusive prender seu podômetro a ela.

Caso resolva usar uma pochete, certifique-se de que ela se ajusta à sua cintura e que a fivela acomoda-se na curvatura da região lombar, pois você chegará ao final da caminhada totalmente desconcertado, caso ela se mova cada vez que der um passo!

qual é maior que as convencionais e possui armação de metal. Estas também devem ter faixas que se prendem à cintura ou ao quadril, de modo que o peso seja distribuído por igual pelas costas, sem sobrecarregar os ombros.

Mochila de hidratação

Mochilas de hidratação são mochilas parecidas com as tradicionais, só que menores. São carregadas nas costas e possuem um recipiente interno – no qual pode ser colocado água ou suco – e um canudo que sai da mochila, longo o suficiente para passar por cima dos ombros e chegar à boca. Desse modo você pode se hidratar sem ter de diminuir o ritmo da caminhada. É um acessório fantástico para caminhadas longas. Alguns modelos ainda possuem compartimentos nos quais você pode guardar alguns de seus pertences.

Mochila

Não recomendo que você pratique *power caminhada* com uma mochila nas costas, pois, além de prejudicar a postura, pode ser bem desconfortável. No entanto, caso planeje fazer uma caminhada por montanhas ou por uma trilha, é recomendável levar uma mochila com uma troca de roupas e mantimentos. Busque comprar uma que se ajuste de modo confortável a seus ombros e que não fique balançando para cima e para baixo durante a caminhada. Caso vá passar a noite fora, recomendo que leve uma mochila cargueira, a

Garrafa de água

Nunca deixe de levar água para manter-se hidratado durante a caminhada. Você pode, simplesmente, comprar uma garrafa de água ou uma garrafa esportiva – um recipiente reutilizável, projetado especialmente para atividades esportivas, que possui uma tampa em forma de bico que não precisa ser desatarraxada durante o treino, e um formato que se ajusta à mão. Algumas pochetes possuem bolsos laterais, onde se pode colocar a garrafa de água, de modo que mãos e braços fiquem livres enquanto caminha.

Hidrate-se

A água é um elemento primordial para a saúde e para um bom desempenho esportivo. Quando a temperatura corporal aumenta, começamos a transpirar. É assim que o corpo elimina toxinas e regula sua temperatura, mas é primordial repor a quantidade de fluidos eliminados bebendo líquidos, caso contrário corremos o risco de ficar desidratados.

Primeiros sinais de desidratação
- Menor rendimento em virtude do baixo nível de oxigênio recebido pelos músculos.
- Exaustão.
- Vertigem.
- Náusea.
- Dor de cabeça.

Medidas preventivas
- Não espere sentir-se com sede para beber água, pois a esse ponto você já estará desidratado.
- Beba pequenas quantidades de água ao longo do treino.
- Não se esqueça de que, em dias quentes, será preciso ingerir quantidade maior de líquidos.
- Observe sua urina. Além de abundante, ela deve ser praticamente transparente e não ter coloração amarela ou escura.
- Lembre-se de que bebidas alcoólicas ou com cafeína desidratam o corpo, portanto sempre as beba acompanhadas de água.

Mapas e bússolas

Um mapa completo da área em que está caminhando é primordial, em especial, se esta for a primeira vez. Este lhe mostrará por quais trilhas de propriedades particulares poderá passar, além de oferecer uma medida exata da distância a ser percorrida. Sugiro que também leve consigo uma bússola, mas tenha certeza de saber como funciona e de usá-la anteriormente em um trajeto simples, caso contrário, pode vir a se sentir ainda mais perdido!

Estojo de primeiros socorros

Caso esteja planejando fazer uma longa caminhada por um terreno difícil e, em especial, se tiver de acampar durante o trajeto, sempre leve um estojo de primeiros socorros completo, independentemente da modalidade de caminhada que esteja planejando; mas, cuidado, não há necessidade em carregar mais do que o necessário. No entanto não deixe de levar consigo itens necessários, tais como uma lanterna, pistolas sinalizadoras, ataduras, bandagens, etc. Sugiro que leve consigo um pequeno estojo de primeiros socorros, independentemente da distância e da intensidade de seu treino, o qual contenha:

- faixas de gesso – caso seja necessário imobilizar um membro
- band-aid
- loções antissépticas
- creme antisséptico
- bandagem elástica (como faixa crepe)
- tampão de olho com bandagem
- tesoura com ponta arredondada
- alfinetes de segurança
- apito
- manual de primeiros socorros

Onde Comprar

Internet

Esse é um recurso muito prático para fazer suas compras, além de lhe dar a vantagem de acessar lojas de todo o mundo e de buscar as que oferecem os melhores produtos, pelos melhores preços, sem ter de sair de casa. No entanto, sugiro que use a internet caso saiba exatamente o que está procurando, pois a desvantagem é que não encontrará na rede nenhum especialista para ajudá-lo a decidir qual o melhor produto indicado para seu caso e, além disso, não terá a oportunidade de experimentá-lo e saber se é exatamente o que precisa, antes de efetuar a compra.

Lojas especializadas

São uma opção fantástica para quando for comprar seu equipamento de caminhada, seja um tênis ou uma garrafa de água. Os funcionários são, de modo geral, especializados e com certeza vão lhe indicar os produtos mais adequados a suas necessidades, em vez daqueles que estão na moda. Sugiro que procure uma dessas lojas, particularmente quando for comprar um tênis, pois os funcionários o ajudarão a encontrar o tênis adequado a seu tipo de pisada, o que lhe trará grandes benefícios ao longo do tempo.

Pedidos pelo correio

Você descobrirá que muitas das mais conhecidas lojas de equipamentos esportivos possuem catálogo para pedidos pelo correio. Não os jogue fora. Com calma, verifique o que as lojas têm a oferecer, e mesmo que encontre o produto que procura, meu conselho é ir até a loja e experimentá-lo.

Capítulo 9

Mantendo uma Dieta Saudável

Em qualquer programa de perda de peso, a prática de atividades físicas e uma dieta saudável se complementam. No entanto, acredito que devemos manter uma dieta saudável durante toda a vida e encontrar o equilíbrio entre aquilo que nos faz bem e o que nos faz mal! Não sou favorável a adotar um regime que restrinja o consumo de calorias ou qualquer dieta da moda. Tais métodos têm efeito passageiro que não se sustenta ao longo do tempo.

Os alimentos que consumimos devem nos fornecer todos os nutrientes de que nosso corpo precisa para ficar mais forte, recuperar-se do desgaste sofrido e funcionar no ápice de sua energia e vitalidade. Para isso, devemos consumir os alimentos certos, pois os problemas começam quando ingerimos alimentos que não têm nenhum valor nutricional, que contêm açúcar, sal, gorduras e elementos químicos em excesso, dos quais o nosso corpo não necessita, mas que, de qualquer forma, se somam à quantidade de calorias consumidas.

Caso queira perder peso, é importante não consumir quantidade de calorias maior do que a que gasta em suas atividades diárias. Mesmo assim, como você está aumentando a energia gasta com seu programa de caminhada, é primordial que continue a se alimentar, pois diminuir de modo radical o consumo de calorias o deixará apático e sem condições de se exercitar de forma adequada.

Modifique sua dieta substituindo gordura, amido e açúcar refinado por frutas e legumes frescos, proteínas magras e carboidratos não refinados. Beber bastante água, regularmente, também é primordial para sua dieta, pois os sintomas da desidratação são, com frequência, semelhantes aos da fome, portanto não se engane! A boa notícia é que, quando você diminui o consumo de alimentos ricos em açúcar e de comidas gordurosas, a necessidade de seu corpo consumi-los cessa, e você passa a querer ingerir alimentos saudáveis. Dê ao seu corpo o que ele precisa e ele irá recompensá-lo melhorando seu humor, dando-lhe mais energia e uma fantástica aparência saudável. Dessa forma, seu peso se manterá estável e de acordo com sua constituição, sua faixa etária e seu sexo, dando-lhe condições de melhorar cada vez mais sua forma física por meio de exercícios físicos.

Não Deixe de Tomar Café da Manhã!

A meta de nosso programa de caminhada é perder peso sem perder a energia necessária para vivermos e nos exercitarmos com o máximo de rendimento. A solução é simples – nunca deixe de tomar café da manhã! Essa é, com certeza, a refeição mais importante do dia, pois, após uma noite de sono, o metabolismo fica em "ponto morto" e precisamos nos alimentar para que ele saiba que é hora de acordar, acelerar e estar pronto para mais um dia.

Também é importante saber escolher os alimentos certos para o café da manhã, pois, ao fazermos uma primeira refeição saudável, menor será a probabilidade de depois termos o desejo, nada saudável, de fazer uma refeição repleta de calorias. Busque incluir carboidratos complexos, como, por exemplo, aveia, pães, cereais, proteínas com baixo teor de gordura e pelo menos uma porção de frutas ou legumes e verduras. Use como referência as sugestões que apresento a seguir, no final do capítulo, ou divirta-se experimentando suas próprias receitas.

Tamanho das Porções

Esse é um dos principais motivos por que muitos não conseguem perder peso, pois a maioria de nós cresceu ouvindo: "Coma tudo que está no prato". Agora é chegada a hora de se rebelar, pois não há por que continuar comendo se já estiver satisfeito.

Isso posto, é melhor livrar-se das tentações. O tamanho das porções, em especial nos restaurantes, está cada vez maior e com certeza vale a pena buscar reduzi-las. Todos os alimentos, mesmo os naturais, quando consumidos em excesso, engordam, visto que oferecem ao corpo calorias que ele simplesmente não consegue queimar. Tome cuidado para não abusar, especialmente dos carboidratos, e preste atenção para que sua salada ou porção de legumes seja duas vezes maior do que a porção de carnes ou peixe e de carboidratos como batata, arroz ou macarrão.

Hoje, temos como hábito engolir a comida, de modo geral, sem ter a mínima ideia do que estamos consumindo. É óbvio que isso não nos faz bem. É importante comer devagar, pois leva um tempo para o estômago perceber que está satisfeito e, então, enviar tal informação para o cérebro. Dessa forma, não consumirá mais do que queira ou precise.

Gorduras boas *versus* gorduras ruins

As pessoas, de modo geral, ficam confusas quando o assunto é consumo de gorduras. Para ter um corpo mais esbelto, chegam a cortar qualquer tipo de gordura, o que é, na realidade, um erro, já que nosso corpo precisa de alguns tipos de gordura – algumas vitaminas essenciais são solúveis apenas em gordura e em alguns ácidos graxos essenciais, encontrados em alguns peixes, no abacate, em sementes e frutos oleaginosos, como nozes e castanhas; são indicados para o bom funcionamento cerebral, para a saúde das articulações e para a prevenção de problemas cardíacos. Além disso, precisamos das boas gorduras para ajudar nosso corpo a metabolizar as gorduras ruins, portanto elas realmente têm o poder de nos ajudar a perder peso.

É imprescindível, então, saber distinguir quais gorduras são boas e quais são ruins. As ruins são gorduras saturadas cujas fontes principais são a carne vermelha, laticínios, massas folhadas, frituras, bolos e biscoitos. As gorduras saturadas normalmente se apresentam de forma sólida à temperatura ambiente, mas são mais difíceis de serem percebidas quando estão em alimentos processados, portanto não deixe de ler o rótulo para verificar a porcentagem de gordura "saturada" que eles contêm.

As gorduras boas são "monoinsaturadas" ou ácidos graxos essenciais (ômega 3 e ômega 6). Geralmente são encontradas em alimentos de origem vegetal, como na azeitona, no milho, no abacate e em frutos oleaginosos, mas também nos peixes. No entanto, tenha cuidado ao incluir gorduras saudáveis em sua dieta para não exagerar na quantidade – todas as gorduras, não importa se presentes em um sanduíche de bacon ou em uma salada de abacate, são engordativas.

Quais carboidratos?
Os carboidratos fornecem combustível instantaneamente, pois, ao serem digeridos, são convertidos em glicose, que é levada ao corpo pelo sangue. Diferentes carboidratos, no entanto, abastecem nosso corpo de energia de maneiras um pouco diferentes, devido à ação que a glicose que eles contêm exerce sobre a taxa de açúcar no sangue – conhecida como índice glicêmico (IG).

Alimentos com alto IG fazem a taxa de açúcar no sangue subir a níveis estratosféricos, o que causa imediata liberação de insulina para eliminar o açúcar consumido da circulação sanguínea. Essa reação é muito rápida e o corpo a sente como uma queda de energia. Para manter a taxa de açúcar no sangue estável, é recomendável ingerir alimentos que estimulem a liberação mais moderada de insulina. Busque consumir, de modo geral, os carboidratos presentes em frutas e legumes e, em seguida, os presentes em grãos integrais e alimentos não refinados (como arroz integral, pães, massas, batatas, lentilhas, etc.) e diminua o consumo de alimentos açucarados e refinados, tais como pão branco, cereais matinais adoçados, doces e bolos que têm grande quantidade de calorias e praticamente nenhum valor nutricional.

Alimente-se com regularidade

Esta é uma parte importante para a perda de peso, pois ao "pular" uma refeição seu corpo entrará no "modo morto de fome" e armazenará tudo o que você vier a ingerir, reduzindo a velocidade do metabolismo, preparando-se para mais um período de privação de alimento. No entanto, quando você se alimenta com regularidade, seu corpo passa a acreditar que a energia proveniente de cada refeição pode ser "totalmente utilizada", pois logo haverá outro suprimento.

Faça experiências

Você deve buscar, como parte de seu programa de manter uma alimentação saudável, experimentar novos alimentos. Ter uma dieta variada, além de ser bom para seu corpo, também é fundamental para sua motivação. Com o tempo você encontrará novas dicas, e planejar uma refeição se tornará mais fácil, mesmo assim, nas páginas a seguir há algumas sugestões para você dar o pontapé inicial. Há inúmeros livros que podem lhe dar novas ideias, com receitas saudáveis que o deixarão com água na boca, sem esquecer a internet – uma fonte valiosíssima.

Faça um diário

Ao planejar uma mudança em sua dieta, é recomendável observar como você está se alimentando no momento.

Durante uma semana, anote tudo o que consome antes de fazer quaisquer mudanças em sua dieta, para saber o que tem feito de errado. Escreva absolutamente tudo o que ingere, pois assim verá com clareza tudo o que consome e quais alimentos você, de modo inconsciente, não considera.

Receitas

CAFÉ DA MANHÃ

SHAKE CREMOSO DE FRUTAS VERMELHAS E ABACAXI

Frutas vermelhas são deliciosas, típicas do verão, e, além de conter poucas calorias, têm alto valor nutricional. São fonte de vitamina C, ferro, carboidratos, fibras, potássio e magnésio.

Rendimento: de 3 a 4 porções

Ingredientes:

150 gramas de frutas vermelhas
1 banana de tamanho médio, sem casca e cortada em pedaços
200 ml de suco de abacaxi sem açúcar
1 colher de sopa de mel
3 colheres de sopa de iogurte natural desnatado

Modo de preparo:

Coloque todos os ingredientes em um liquidificador e bata até formar um creme. Experimente o *shake* para saber se está doce o suficiente e, então, sirva-o em copos grandes.

Informações nutricionais por porção:

Valor energético: 123 calorias

RABANADAS COM CANELA E BAUNILHA

Esta clássica receita americana é um fantástico café da manhã para curtir nos fins de semana. As rabanadas devem ser servidas acompanhadas de um copo de suco de frutas, para que seu corpo receba todos os nutrientes de que precisa.

Rendimento: de 2 a 4 porções

Ingredientes:

2 claras e 1 ovo inteiro
125 ml de leite desnatado
1 colher de sopa de essência de baunilha
1 colher de chá de canela em pó
4 fatias de pão integral
Óleo suficiente para tostar as fatias de pão

Modo de preparo:

Bata os ovos, o leite, a essência de baunilha e a canela em uma vasilha. Em seguida, passe as fatias de pão nessa mistura, virando-as de um lado para outro até que ambos os lados estejam umedecidos. Ponha, então, um pouco de óleo em uma frigideira, aqueça em fogo baixo e toste o pão e, em seguida, acrescente um toque de canela.

Informações nutricionais por porção:

Valor energético: 120 calorias
Gorduras: 3,5 gramas

REFEIÇÃO MATINAL À BASE DE FRUTAS PARA DAR ENERGIA

Esta receita além de lhe dar energia para começar o dia, deixará você saciado até o almoço.

Rendimento: de 3 a 4 porções

Ingredientes:

500 gramas de iogurte com baixo teor de gordura
4 colheres de chá de mel
125 gramas de framboesa
65 gramas de frutas vermelhas
2 pêssegos frescos cortados em fatias
75 gramas de musli

Modo de preparo:

Primeiramente, coloque no fundo do prato o iogurte e, por cima, o mel. Em seguida, acrescente as frutas e jogue o musli por cima. Sirva a seguir.

Informações nutricionais por porção:

Valor energético: 189 calorias
Gorduras: 5 gramas

Almoço

SOPA DE FEIJÃO E LEGUMES

Essa sopa é excelente para um almoço nutritivo com baixo teor de gordura.

Rendimento: 6 porções

Ingredientes:

Um pouco de azeite de oliva
1 cebola grande picadinha
1 cenoura grande em pedacinhos
2 talos de salsão picadinhos
4 tomates sem pele picados
2 dentes de alho picados
800 gramas de feijão branco
1 litro e 200 ml de água
1 colher de sopa de hortelã fresca, picadinha
1 colher de chá de tomilho fresco, picadinho
Casca ralada de meio limão
1 abobrinha picadinha
Sal e pimenta preta moída na hora a gosto

Modo de preparo:

Aqueça o óleo em uma panela grande a fogo médio e refogue a cebola até que fique macia. Acrescente ao refogado o salsão, o tomate e o alho e cozinhe por entre 3 e 4 minutos. Em seguida, adicione o feijão e a água, tampe a panela e deixe ferver por 15 minutos. Acrescente, então, os outros temperos, a casca de limão e a abobrinha. Tampe a panela e deixe cozinhar por 35 minutos até os legumes estarem tenros.

Tire a panela do fogo e deixe a mistura esfriar aos poucos. Em seguida, retire metade do conteúdo e passe por um processador até o ponto de creme. Coloque, então, o creme de volta na panela, misturando-o com o restante da sopa, aqueça e sirva em tigelas.

Informações nutricionais por porção:

Valor energético: 109 calorias
Gorduras: 3 gramas

SALADA DE BETERRABA, VAGEM E QUEIJO FETA

A vagem é excelente fonte de cálcio e o pigmento vermelho da beterraba, a betacianina, é conhecido por seu poder anticancerígeno.

Rendimento: de 4 a 6 porções

Ingredientes:

180 gramas de beterraba cozida em fatias
200 gramas de vagem cozida, cortadas em fatia, à temperatura ambiente
3 colheres de sopa de azeite de oliva
1 colher de sopa de vinagre branco
1 pitada de mostarda em pó
1 pitada de açúcar
Sal e pimenta preta moída na hora a gosto
100 gramas de queijo feta em pedaços

Modo de preparo:

Coloque a beterraba, a vagem e o queijo em um prato. À parte, misture o azeite, o vinagre, a mostarda, o açúcar, o sal e a pimenta e jogue por cima do queijo.

Informações nutricionais por porção:

Valor energético: 83 calorias
Gorduras: 5 gramas

SALADA EXÓTICA DE CAMARÕES COM MOLHO DE LIMÃO E CEBOLINHA

Essa salada, fácil de ser preparada, é rica em nutrientes – o camarão por si só é uma boa fonte de proteínas e Ômega 3, além de ser rico em ferro, zinco e vitamina E.

Rendimento: 4 porções

Ingredientes:
1 mamão papaia grande sem casca cortado ao meio e, então, em cubinhos
4 kiwis sem casca cortados em cubinhos
125 gramas de morangos cortados ao meio
400 gramas de camarões grandes cozidos, sem casca
Suco de um limão
15 gramas de cebolinha picada

Modo de preparo:
Coloque os camarões e as frutas em uma travessa de salada grande. Jogue o suco de limão e a cebolinha sobre os ingredientes. Deixe a salada descansar por 10 minutos antes de servi-la acompanhada de folhas verdes.

Informações nutricionais por porção:
Valor energético: 172 calorias
Gorduras: 1 gramas

PRATOS PRINCIPAIS
FILÉ DE ATUM COM MOLHO DE FEIJÃO PRETO

Esse delicioso molho dá um sabor especial ao atum e também combina com outros tipos de peixes e carnes brancas.

Rendimento: 4 porções

Ingredientes:
100 gramas de feijão preto, deixados de molho em água fria de um dia para o outro, lavados e secos
150 gramas de tomates picados, sem casca e sem sementes
2 colheres de coentro picado
1 colher de sopa de suco de lima
½ pimenta vermelha fresca picada em pedacinhos e sem sementes
1 dente de alho cortado em pedacinhos
1 colher de sopa de azeite de oliva
Sal e pimenta preta moída na hora
4 filés de atum fresco

Modo de preparo:
Coloque o feijão em uma caçarola e cubra com água. Acenda o fogo e deixe ferver por dez minutos, tirando a espuma que se acumula na superfície. Em seguida, deixe o feijão cozinhar em fogo baixo até ficar macio.

Coloque o feijão e o tomate em uma vasilha, junte o coentro, o suco de lima, a pimenta, o alho, metade da medida de azeite de oliva e misture. Tempere com o sal e a pimenta e deixe marinar por cerca de uma hora.

Aqueça o restante do azeite em uma frigideira e frite o atum em fogo alto por entre 2 e 3 minutos de cada lado.

Sirva com o molho e uma salada mista como acompanhamento.

Informações nutricionais (por porção):
Valor energético: 260 calorias
Gorduras: 10 gramas

FRANGO TANDOORI

Essa iguaria indiana lhe dará o mesmo prazer que sente ao degustar um "delivery" de comida asiática, sem consumir as gorduras, açúcares e outros ingredientes prejudiciais à saúde que eles possuem!

Rendimento: 4 porções

Ingredientes:
525 gramas de peito de frango desossado e sem pele, cortado em fatias de 3 centímetros
2 dentes de alho moídos
150 gramas de iogurte natural com baixo teor de gordura
1 colher de sopa de suco de limão
1 colher de chá de raiz de gengibre fresco ralado
1 pitada generosa de pimenta vermelha em pó
1 colher de chá de coentro em pó (caso não encontre coentro em pó, use coentro fresco bem picadinho)
1 colher de chá de cominho em pó
½ colher de chá de açafrão em pó

Modo de preparo:
Coloque o frango em um recipiente raso, refratário e o tempere com o alho, o iogurte, o suco de limão e os outros temperos. Cubra-o com uma película protetora de PVC, como *magipack,* e deixe-o marinar na geladeira por, no mínimo, uma hora.
Retire a película protetora. Unte uma assadeira, coloque o frango e os temperos e pré-aqueça o forno a 200 graus. Em seguida, asse o frango marinado por 35 minutos, virando-o uma ou duas vezes enquanto estiver no forno.
Outra forma de preparo consiste em colocar pedaços do frango em espetos com nacos de cebola roxa e assá-los sobre uma grelha pré-aquecida durante 15 a 20 minutos. Sirva com uma salada de folhas verdes ou arroz integral, ou, caso queira uma refeição mais substancial, com pão sírio. Esse prato fica delicioso quando acompanhado com chutney de hortelã.

Informações nutricionais por porção:
Valor energético: 175 calorias
Gorduras: 3 gramas

CUSCUZ MARROQUINO COM MOLHO DE TOMATE PICANTE E COUVE-FLOR AO FORNO

O cuscuz possui baixo índice glicêmico (IG), contribuindo, dessa forma, para manter estável a taxa de açúcar no sangue. Além de boa fonte de fibras, ajuda a prevenir doenças e problemas digestivos.

Rendimento: 4 porções

Ingredientes:
1 couve-flor, com a cabeça separada em várias partes
Sumo e casca ralada de dois limões
1 cabeça de alho
1 pimenta vermelha inteira
15 gramas de coentro frescos, talo e folhas
1 cebola roxa
1 gengibre fresco, descascado, com cerca de 2 cm
1 colher de chá de sementes de cominho tostadas
1 colher de chá de sementes de coentro tostadas
1 colher de chá de açafrão moído
1 colher de chão de purê de tomate
400 gramas de tomates picados
1 folha de louro
Sal
Pimenta preta moída na hora
110 gramas de damasco seco
2 colheres de sopa de hortelã fresca e picada
250 gramas de cuscuz marroquino
15 gramas de salsinha picada

Modo de preparo:
Pré-aqueça o forno à temperatura de 220 graus. Em seguida, coloque os pedaços de couve-flor em uma assadeira, regue com uma colher de sopa de azeite de oliva e asse no forno por 20 minutos, virando a couve-flor.

Coloque o sumo e a casca de um limão, o alho, a pimenta, o coentro, a cebola e o gengibre e bata até formar uma mistura uniforme. Em seguida, aqueça o restante do azeite em uma frigideira e cozinhe a mistura em fogo baixo por dez minutos. Junte à mistura as sementes tostadas de cominho e coentro moídas, o açafrão, o purê de tomate, os tomates picados e o louro. Deixe cozinhar por 20 minutos. Retire, então, a folha de louro, tempere a gosto e acrescente a hortelã e o damasco e separe.

Coloque a farinha de cuscuz em uma vasilha, cubra com água fria e deixe descansar por 20 minutos até o cuscuz ter absorvido toda a água. Aqueça o cuscuz em uma cuscuzeira, deixando-o cozinhar no vapor por cinco minutos, e então o misture com o sumo e a casca ralada de um limão, a salsinha, o sal e a pimenta.

Em seguida, coloque o cuscuz em uma travessa, acrescente a couve-flor assada e cubra com o molho de tomate picante.

Informações nutricionais por porção:
Valor energético: 339 calorias
Gorduras: 10 gramas

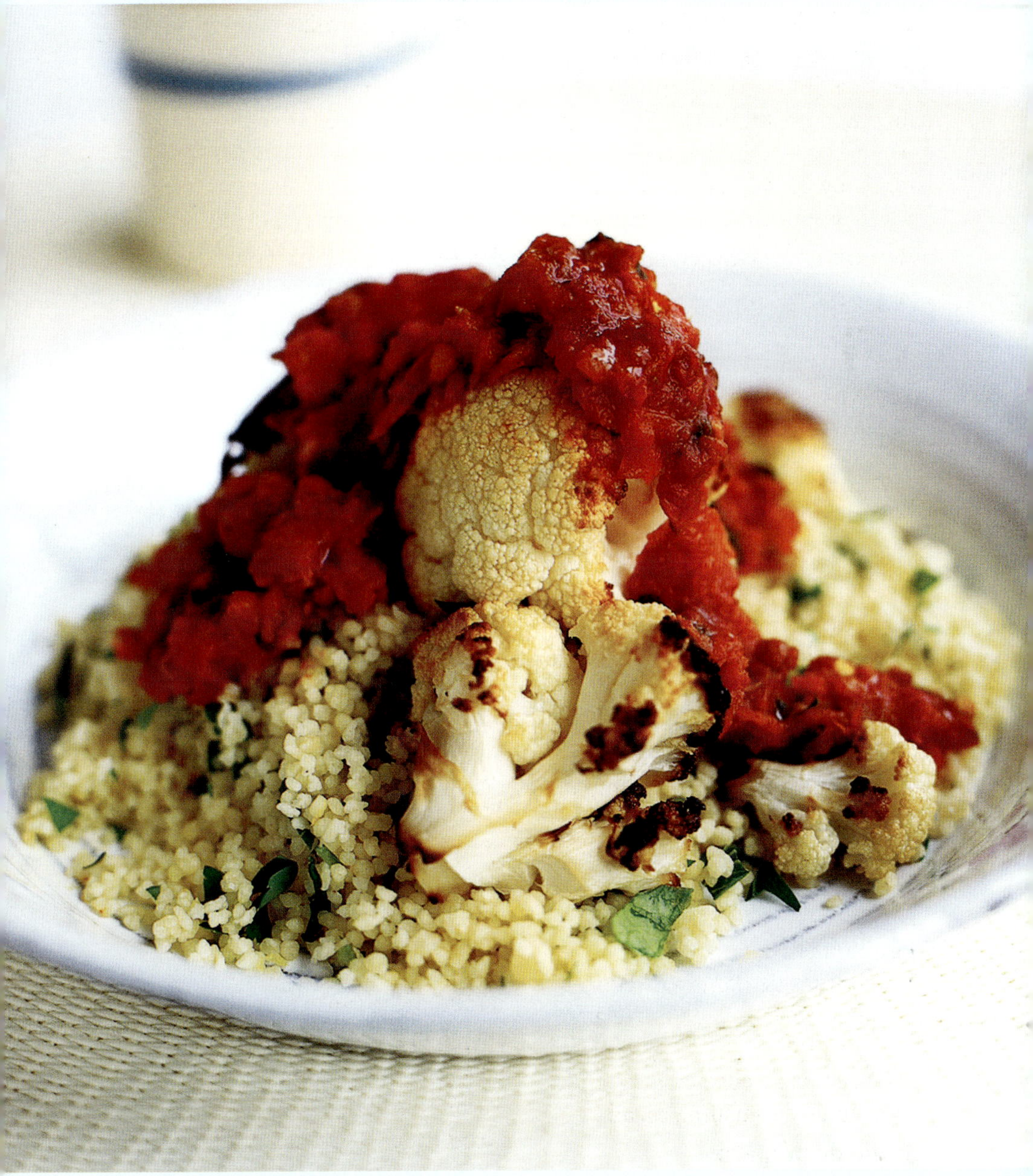

SOBREMESAS
SORVETE DE MELÃO CANTALOUPE

Não há nada melhor do que saborear esse delicioso e refrescante sorvete após uma intensa caminhada morro acima.

Rendimento: 10 porções

Ingredientes:
250 gramas de açúcar cristal
250 ml de água
1 melão cantaloupe descascado, partido ao meio, e cortado em pedaços grandes
1 colher de sopa de sumo de limão
Morangos ou frutas tropicais

Modo de preparo:
Coloque a água e o açúcar em uma panela. Dissolva o açúcar em fogo brando até o ponto de fervura e mantenha no fogo por três minutos. Reserve até esfriar.
Em seguida, coloque os pedaços de melão, o sumo de limão e a calda de açúcar em um processador e bata por um minuto, ou até que a mistura esteja uniforme. Coloque-a então em uma vasilha e deixe no congelador ou freezer por três horas, mexendo-a de vez em quando para evitar a formação de cristais de gelo, ou use uma máquina de sorvete caseira.

Informações nutricionais por porção:
Valor energético: 135 calorias

PUDIM DE ARROZ E BANANA
Essa sobremesa é muito mais saborosa do que parece ser.

Rendimento: 6 porções
60 gramas de arroz branco
600 ml de leite semidesnatado
3 gotas de essência de baunilha
3 colheres de sopa de açúcar
2 bananas descascadas, cortadas em rodelas finas
Casca de ½ limão passada pelo ralador fino
2 claras de ovo

Modo de preparo:
Aqueça o forno a fogo médio, à temperatura de 200 graus. Coloque o arroz, o leite, a essência de baunilha e o mel em uma panela até o ponto de fervura. Abaixe o fogo e deixe cozinhar por uma hora, ou até o arroz estar macio.
Misture as bananas e a casca de limão ralada ao arroz. Em seguida, acrescente as claras em neve, mexendo devagar. Despeje a massa em uma vasilha refratária e coloque para assar no forno já aquecido durante 25 a 30 minutos até dourar.

Informações nutricionais:
Valor energético: 186 calorias
Gorduras: 2 gramas

Índice Remissivo

A

Acertando o passo 44
Acidente Vascular Cerebral 17, 22
Aeróbico 15, 17, 106, 108
"Alertas" posturais 41
Alongamento da lateral do tronco 100
Alongamento da musculatura peitoral 30
Alongamento da musculatura posterior da coxa 37
Alongamento da panturrilha 90
Alongamento das costas 40, 98
Alongamento das costas e da musculatura posterior da coxa 87
Alongamento do peitoral 94
Alongamento do pescoço 84
Alongamento do quadríceps 95
Alongamento dos glúteos e do quadril 99
Alongamento dos músculos flexores do quadril 88
Alongamento dos ombros 93
Alongamento do tríceps 86
Anaeróbico 106
Aquecimento 81, 82, 83, 106, 107
Aquecimento 83
Articulações saudáveis 18
Ativando o centro de força 26
Atividade física 9, 10, 11, 13, 16, 17, 19, 21, 61, 62, 81, 82, 111, 113, 116, 120, 127, 128, 130, 137
Aumento da massa muscular 121

B

Balanço das pernas 89
Bastões 61, 62, 63, 65, 66, 67, 68, 69, 113
Benefícios 7, 10, 11, 15, 16, 17, 19, 22, 43, 61, 62, 64, 70, 72, 103, 106, 112, 115, 116, 127, 130, 133, 147
Boa postura em pé e sentado 34
Bússola 75, 146

C

Café da manhã 150, 153
Cãibras 58
Calculando 107, 108
Caminhada beneficente 117
Caminhada de montanha 61, 68
Caminhada ecológica 61
Caminhada em esteira 78
Caminhada em shopping 70
Caminhada meditativa 130, 131
Caminhada nórdica 62
Caminhadas beneficentes 78
Caminhada suave 83, 92
Câncer de mama 17
Carboidratos 15, 106, 149, 150, 151, 153
Centro de força 25, 26, 27, 28, 30, 33, 36, 38, 40, 54, 67, 86, 98, 100
Como medir 102, 104
Contraturas e distensões 58
Controlando a respiração 52
Controle 30, 34, 38, 43, 89, 127, 128, 136, 143
Coração 15, 16, 17, 73, 104, 106, 108, 115, 127
Cuidados a serem tomados 55
Cuscuz marroquino com molho de tomate picante e couve-flor ao forno 158

D

Descobrindo como manter uma boa postura 26
Desidratação 146, 149
Determinando a largura ideal da passada 46
Dicas para experimentar seu tênis 138
Dieta 148
Dor do baço 58
Dores nas costas 19, 22, 25
Duração 111, 112

E

Elevação dos braços 33, 35
Elevação dos braços contra a parede 33
Elevação lateral 36
Em grupo 21, 63, 74, 75, 77
Entorse 57
Equipamento 62, 78, 133, 143, 147
Equipamentos 142

Índice Remissivo

Estojo de primeiros socorros 133, 147
Estojo de primeiros socorros 147
Eventos 21, 61, 78, 117
Exercício abdominal 33
Exercício para a mente 19, 130
Exercícios posturais 30

F

Férias com caminhada 77
Filé de atum com molho de feijão preto 156
Frango tandoori 157
Frequência 15, 29, 64, 73, 78, 82, 83, 92, 95, 104, 105, 106, 107, 108, 111, 112, 116, 120, 121, 123, 138, 143, 144, 149
Frequência cardíaca 15, 64, 73, 78, 82, 83, 92, 104, 105, 106, 107, 108, 112, 123, 143, 144
Frequencímetro 64, 73, 104, 119, 144
Frequencímetro (monitores cardíacos) 143

G

Garrafa de água 145
Gorduras boas 150, 151
Gorduras ruins 150, 151
Grãos 151

I

Índice de massa corpórea 120
Intensidade 14, 16, 22, 40, 51, 52, 61, 62, 63, 64, 69, 78, 79, 103, 104, 106, 108, 111, 112, 113, 117, 119, 123, 125, 133, 143, 144, 147

L

Lesões 7, 14, 16, 19, 40, 43, 44, 46, 57, 58, 61, 70, 81, 82, 101, 106, 112, 134, 136, 137, 138
Lesões mais comuns 57

M

Mantendo uma boa postura ao deitar-se 28
Mantendo uma boa postura ao sentar-se 28
Mantendo uma boa postura em pé 27
Manual do Montanhista 75
Mapa 75, 146
Mapas e bússolas 146

Marcha atlética 47, 76, 77, 78
Massa muscular 15, 120, 121
Medindo a passada 49
Meias 140
Metabolismo 11, 15, 104, 106, 120, 150, 152
Metas 7, 9, 49, 64, 71, 81, 103, 105, 115, 116, 120, 131
Mochila 145
Mochilas de hidratação 145
Motivação 116, 118, 143, 152

O

Onde comprar 147
Osteoartrite 13, 18
Osteoporose 18, 22

P

Parte inferior do corpo 44
Parte Superior do Corpo 50
perda de peso 9, 10, 11, 14, 15, 16, 17, 43, 61, 63, 103, 104, 105, 120, 121, 123, 125, 126, 143, 149, 152
Pés neutros 137
Planilha para melhora da qualidade de vida 129
Planilha para treinamento de longa distância 128
Planilhas para perda de peso 123
Pochete 144
Podômetro 143
Porcentagem de gordura corporal 120, 121
Posicionamento do queixo 30
Pós-treino 92, 106
Postura correta 25
Postura do sapo 97
Power caminhada 7, 10, 11, 13, 14, 15, 43, 45, 51, 54, 57, 61, 62, 85, 86, 87, 88, 103, 124, 130, 133, 136, 145
Prancha 38
Precauções 57
Preparando os pés e as pernas 48
Progresso 7, 9, 103, 109, 115, 116, 120, 128, 143
Pronação 136
Pudim de arroz e banana 160

Q

Queima de gordura 43, 78, 106, 107, 108, 123, 124

R

Rabanadas com canela e baunilha 153
Receitas 153
Relaxamento 101
Respiração 38, 52, 54, 55, 92, 101, 131
RICE 59
Rotação dos ombros 85
Rotação do tornozelo 91
Roupas para o calor 142
Roupas para o frio 140

S

Salada de beterraba 155
Salada exótica de camarões com molho de limão e cebolinha 156
Saudável 7, 9, 10, 11, 16, 17, 115, 120, 121, 130, 143, 149, 150, 152
Shake cremoso de frutas vermelhas e abacaxi 153
Sistema imunológico 16, 17, 22, 130
Sobrecarga 17, 48, 57, 78, 88, 103, 134, 136
Sopa de feijão e legumes 154
Sorvete de melão cantaloupe 160
Supinação 137
Sutiã esportivo 142

T

Taxa de esforço percebido 64
Técnica 7, 10, 25, 43, 45, 46, 54, 62, 66, 67, 68, 73, 77, 79, 92, 112, 123, 124, 128, 134
Tênis 134
Teste da fala 108
Tibialgia 57
Torção da coluna 96
Treino de longa distância 77, 126

Z

Zonas de Treinamento 106

MADRAS® Editora

CADASTRO/MALA DIRETA

Envie este cadastro preenchido e passará a receber informações dos nossos lançamentos, nas áreas que determinar.

Nome _____
RG _____ CPF _____
Endereço Residencial _____
Bairro _____ Cidade _____ Estado ____
CEP _____ Fone _____
E-mail _____
Sexo ❏ Fem. ❏ Masc.   Nascimento _____
Profissão _____ Escolaridade (Nível/Curso) _____

Você compra livros:
❏ livrarias   ❏ feiras   ❏ telefone   ❏ Sedex livro (reembolso postal mais rápido)
❏ outros: _____

Quais os tipos de literatura que você lê:
❏ Jurídicos   ❏ Pedagogia   ❏ Business   ❏ Romances/espíritas
❏ Esoterismo   ❏ Psicologia   ❏ Saúde   ❏ Espíritas/doutrinas
❏ Bruxaria   ❏ Autoajuda   ❏ Maçonaria   ❏ Outros:

Qual a sua opinião a respeito desta obra? _____
_____

Indique amigos que gostariam de receber MALA DIRETA:
Nome _____
Endereço Residencial _____
Bairro _____ Cidade _____ CEP _____

Nome do livro adquirido: *Perca Peso Caminhando*

Para receber catálogos, lista de preços e outras informações, escreva para:

MADRAS EDITORA LTDA.
Rua Paulo Gonçalves, 88 – Santana – 02403-020 – São Paulo/SP
Caixa Postal 12183 – CEP 02013-970 – SP
Tel.: (11) 2281-5555 – Fax.:(11) 2959-3090
www.madras.com.br

Este livro foi composto em Minion Pro, corpo 11,5/13.
Papel Couche 150g
Impressão e Acabamento
Atrativa Gráfica LTDA
Rua Cabo Romeu Casagrande, 277 – Parque Novo Mundo – São Paulo/SP
CEP 02180-060 – Tel/ fax: (11) 2632-6633
Email: atrativa@atrativagrafica.com.br